Um riacho POUCO profundo

CATHERINE MILLOT

aller

Tradução — William Zeytounlian

Revisão — Fernanda Zacharewicz

Diagramação — Sonia Peticov

Capa — Wellinton Lenzi

Primeira edição: julho de 2025

Dados Internacionais de Catalogação na Publicação (CIP)
Ficha catalográfica elaborada por Angélica Ilacqua CRB-8/7057

M595r Millot, Catherine
Um riacho pouco profundo / Catherine Millot ; tradução de William Zeytounlian. -- São Paulo : Aller, 2025.
80 p.

ISBN 978-65-87399-78-2
ISBN 978-65-87399-79-9 (livro digital)
Título original: *Un peu profond ruisseau*

1. Millot, Catherine – Memória autobiográfica 2. Autoras francesas – Biografia 3. COVID-19 (Doença) – Pacientes -França – Biografia 4. Morte I. Título II. Zeytounlian, William

25-2809 CDD: 848.0092
CDU 929-052(44)

Índice para catálogo sistemático
1. Autoras francesas – Biografia

Publicado com a devida autorização e com todos os direitos reservados por

Aller Editora
Rua Havaí, 499
CEP 01259-000 • São Paulo — SP
Tel: (11) 93015-0106
contato@allereditora.com.br

Aller Editora • allereditora

A morte nunca teve muito lugar em minha vida consciente. Quase não penso no assunto e me preocupo ainda menos com ela. Morrer no momento derradeiro, como dizia Céline, com a coragem e a dignidade que vi nos bichos, com a simplicidade deles, eis tudo o que peço.

Na adolescência, ainda que eu também não me importasse com ela, acontecia de eu acordar num sobressalto à noite, com o pensamento de que seria preciso morrer algum dia. Uma solidão irremediável, como à beira de uma morte iminente, me assaltava. Depois, esses sobressaltos noturnos cessaram.

Mais tarde, me interessei pelos filósofos antigos que desdenhavam da morte, aos quais fazia eco este verso de Mallarmé: "Um riacho pouco profundo vexado a morte[1]".

Ela, contudo, ocupa um lugar grande, por vezes contra minha vontade, no que escrevo.

Recentemente, quase morri de coronavírus. Foi uma experiência estranha por sua repentinidade, seu caráter abrupto, que hoje me parece quase irreal, como se eu tivesse sido projetada brutalmente em outro mundo, o

---

[1] Nota do tradutor: oferecemos em anexo uma tradução deste soneto.

inverso da realidade confortável na qual me banhava de uma segurança que eu não questionava.

Ele se apresentou de início como uma pequena rinofaringite. O vírus já circulava no mundo inteiro. Na França, vivíamos as coisas como se tudo se passasse a anos-luz de nós. Só começamos a pensar em não apertar mais as mãos. Quanto às máscaras, nem se cogitava, era impossível encontrá-las. Exerço uma profissão de risco em tempos de pandemia, psicanalista. Não apertar mais as mãos dos pacientes, essa recusa de contato já me parecia difícil, pouco compatível com o acolhimento que esse metiê implica. Então colocar uma máscara me pareceu uma contradição flagrante, e mesmo cômica, com a exigência de verdade no princípio desta prática.

Desde os primeiros sintomas, em todo caso por prudência, pois não me achava acometida do vírus, mas de uma infecção mais banal, decidi realizar as sessões por telefone. Elas não chegaram a acontecer, pois uma febre forte se anuncia dois dias depois, na noite de véspera das eleições municipais, que foram mantidas na inconsciência geral.

O "confinamento" começou dois dias depois. A faxineira não veio mais. Fiquei sozinha. R., minha companheira, estava na Índia a trabalho fazia dois meses e voltaria no fim da semana. A febre, que só aumentava, me deixava incapaz de sair para me reabastecer. Minha amiga Michele me trouxe provisões, mas não consegui comer nada, como se estivesse com uma crise no fígado. Preocupada comigo, ela chamou uma ambulância. Eu era incapaz de chamar sozinha: esperar uma hora ao telefone ou marcar uma consulta pela internet me pareciam tarefas insuperáveis. O médico encontrou sinais de pneumonia e chamou o SAMU, que me levou ao pronto-socorro do Cochin.

Fui recebida por uma interna que julgou que meu caso não precisava de hospitalização. Minha taxa de saturação era de 94, um pouco baixa, mas considerada normal devido ao leve enfisema detectado por tomografia três anos antes. Eu não sabia o que significava "taxa de saturação". Não me disseram para monitorá-la, nem para ver um médico de novo nos próximos dias. Pedi que me fizessem um teste para saber o diagnóstico, o que recusaram. Logo me vi fora do hospital um pouco desorientada. Era noite e eu mal conseguia ficar de pé. Tendo vindo de ambulância, só me restava voltar para casa de táxi.

Eu sabia que, nos hospitais, eles temiam ficar sobrecarregados pelo afluxo de doentes e, afinal, dizia a mim mesma que, se não fui internada, era porque meu caso não era tão grave. Inclinei-me, portanto, diante dessa decisão e não tentei contorná-la buscando apoio, um "empurrãozinho", como dizia meu amigo Jean-Jacques. Nem sequer me ocorreu procurar o professor D., que me acompanhava no Cochin, na pneumologia, há dez anos.

Durante todos esses dias, não fiquei angustiada, nem por meu estado, nem pela solidão. Permanecia na cama e lia, como de costume quando não estava trabalhando.

Mergulhei em uma releitura de Dostoiévski, encantada com a tradução tão fielmente audaciosa de Markowicz, que eu havia acabado de descobrir com *Os demônios*. Depois, continuei com *Os irmãos Karamázov*. Assim, não só não me entediava como sentia prazer, pois ler na cama sempre foi para mim a vida dos sonhos.

No entanto, a febre continuava a subir, principalmente à noite, e ela vinha acompanhada de suores tão intensos que eu acordava encharcada, com os lençóis inteiros molhados. Desidratada, não conseguia matar minha sede. Quando a febre atingiu 39,8°, fiquei preocupada e telefonei ao médico que tinha enviado ao pronto-socorro dois dias antes e que havia gentilmente me dado seu número de celular. Ele não podia vir me ver, pois estava em isolamento no interior. Ficou surpreso que não tivessem me internado no Cochin. Também liguei para o Dr. M., que cuidava de minha mãe há dois anos e em quem eu confiava muito. Ele tinha suspendido as visitas em domicílio, estando ele mesmo um pouco doente. Preocupou-se ao saber que eu estava com dificuldades respiratórias. Descobri pelo que aconteceu depois que esse vírus é traiçoeiro, pois anula os reflexos que aceleram a respiração quando o oxigênio no sangue começa a faltar. Ao que parece, isso chama "hipóxia feliz". Portanto, eu me sentia um pouco ofegante quando, sem saber ou sentir, estava à beira da asfixia.

Três dias depois da ida e volta ao Cochin, a febre baixou a 38,5° e me senti um pouco melhor. À noite, minha amiga e vizinha Livia, que já na véspera havia me levado um caldo, a única coisa que conseguia engolir, voltou com uma sopa. Para se proteger do contágio, ela não passou do batente da porta, mas ela viu, talvez pelo meu aspecto, que eu não ia muito bem e que talvez estivesse um pouco ofegante. Ela ficou preocupada que eu passasse a noite sozinha, cuidado que achei exagerado. Eu não sentia estar tão mal assim, e R. iria voltar no dia seguinte. Livia voltou para sua casa e marcou uma consulta para mim no site do SOS Médicos. Hoje me parece claro que, conforme meu estado se degradava, eu ficava cada vez menos capaz de cuidar de mim e tomar as decisões necessárias. A Livia sem dúvida salvou minha vida.

O novo médico parecia muito mais alerta com o risco de contágio que o anterior. Havia até uma ponta de reprovação em relação a mim e subitamente senti que tinha virado uma leprosa. Sem dizer nada, ele chamou uma ambulância e saiu apressadamente.

A ambulância me levou ao Cochin, onde a taxa de saturação, que havia baixado a 80, fazia de mim um caso grave, o que era reforçado pelas imagens de tomografia em "vidro fosco". Decidiram me internar em uma unidade de terapia intensiva para que eu tivesse um respirador por perto, caso houvesse piora. Um médico veio me perguntar se eu tinha "diretivas antecipadas". O fato disso nunca me ter passado pela cabeça o fez sorrir. Outro médico me submeteu a um pequeno interrogatório para avaliar meu grau de autonomia na vida cotidiana. Ele me perguntou se eu tinha "ajuda em domicílio". Achei que queria saber se eu tinha uma empregada doméstica, ao que respondi que sim. Tive dificuldade em entender por que ele me perguntava se eu tomava banho sozinha. Acabei por lhe declarar que exercia uma atividade profissional.

Na UTI, fui colocada sob oxigênio e abriram um acesso para soro em um quartinho abarrotado de aparelhos aos quais fui conectada, e que registravam meu ritmo cardíaco e respiratório, mediam a pressão arterial, o nível de saturação, a temperatura, entre outras coisas. Um enfermeiro muito simpático me explicou que aqueles aparelhos eram conectados a uma central e monitorados sem parar. Perguntei a ele o que havia no soro. Essencialmente vitaminas e antibióticos, dentre os quais azitromicina associada ao Plaquenil2. Deram-me um comprimido. Também me deram uma injeção de anticoagulantes.

Vi-me sozinha com a ideia de que talvez fosse morrer, o que, estranhamente, me deixava serena. Era duas horas da madrugada. Olhei para o espaço exíguo onde me encontrava e pensei que com certeza havia lugares mais "sexys" para morrer. Foi essa a palavra que me ocorreu. Mas, por exíguo que fosse, aquele lugar me conectava ao vasto mundo e a uma humanidade em perigo, sob a ameaça de morte que esse vírus que

[2] Nota do tradutor: Plaquenil é o nome fantasia da hidroxicloroquina.

havia me atingido fazia pairar. A amplitude inédita da epidemia, sua virulência nos colocava todos no mesmo patamar.

Veio-me à memória o belo e terrível afresco *Il trionfo della morte*, do Palazzo Abatellis, em Palermo, que Lacan me havia apresentado no passado e que eu havia voltado a ver um ano antes com R. A morte, cavalgando um pangaré esquelético, que Picasso usou como modelo para a *Guernica*, pisoteava indiferentemente jovens e velhos, ricos e pobres, poderosos e humildes. Um caçador com seu cão assustado, um tocador de alaúde, belos rostos de moças elegantes, inclinadas pelo temor e pela piedade, o cadáver de um bispo, uma bela cabeça de homem de olhos fechados; era preciso tempo para contemplar em detalhe essas cenas de vida e morte, das quais emanava uma espécie de paz. Essa mesma paz era a que eu sentia ao pensar que compartilhava com tantos outros a exposição a esse flagelo, que conferia a rara sensação de fazer parte da comunidade humana.

Meu sentimento de pertencimento a essa comunidade era ainda mais legítimo, pois eu não havia dado nenhum "jeitinho" para contornar a recusa de me hospitalizar três dias antes. O enfermeiro, a quem manifestei descontentamento por não ter sido tratada antes, me disse que se eles tivessem me recebido então, eu poderia ter tomado o lugar de alguém mais necessitado do que eu. Hoje, eu estava exatamente no lugar que me cabia, conforme a justiça e a justeza da minha posição, sem mesmo pensar, em me inclinar diante dessa decisão.

Também havia justeza em estar com todos os demais, em posição de igualdade, frente à doença e à morte. Era uma exposição tão absoluta que ela era, naquele pequeno e exíguo quarto onde me encontrava, como uma abertura infinita ao mundo. Inteiramente desprotegida, fui levada a "este ponto precioso" em que o ser humano é reduzido ao que há de mais irredutível, "sua solidão de ser exatamente equivalente a qualquer outro", como dizia Jean Genet.

Até então, eu havia estado protegida. Minha vida, quando eu pensava nela, me parecia bizarramente como algo "redondo". Eu tive uma vida "confortável", dizia a mim mesma. Associava-se a esta ideia de conforto a recordação de estadias em cidades de arte, os bons hotéis. Eu me surpreendia com essa palavra: o conforto jamais participara de meus valores. Era o que eu acreditava. Tinha a impressão de que ele havia governado minhas escolhas de vida muito mais do que eu pensava, o ritmo de minha vida, os lugares de vida. Sobretudo o ritmo, que sempre defendi contra tudo e todos.

Hoje, na balança, havia de um lado a vida "redonda", a vida confortável e preservada com a qual podia me dizer satisfeita — o "redondo" sugeria qualquer coisa de pleno —, e, no outro, a abertura ilimitada daquela exposição à morte, como uma esfera virada do avesso.

A balança estava equilibrada. E eu estava tranquila, em plena conformidade com minha situação.

Em conformidade também com o que atraiu minha vida e meu desejo de escrever, este interesse pelas místicas, que nunca se desmentiu. Naquela noite, talvez eu não fosse uma leitora tão indigna da senhora Guyon[3], de Etty Hillesum[4], que dizia que, em caso de naufrágio, não estaria entre aqueles que se estapeavam pela única tábua de salvação. Mesmo fora dessas situações dramáticas, a vontade de viver, quando colocada acima de tudo, sempre me pareceu desprovida de elegância e um pouco obscena.

A ideia de morrer sozinha, sem um ente querido para segurar minha mão, não me afetava. A morte é um assunto solitário, o próximo — ou seja, qualquer um — basta para acompanhá-la. Pensei em meu pai sob oxigênio, como eu hoje, com os mesmos "óculos" enfiados nas narinas, a quem eu havia deixado na clínica às dez da noite e que às duas da madrugada estava morto. A enfermeira perguntou meu número de telefone. Achei que era para me ligar caso ele piorasse, mas foi para anunciar sua morte. Ele disse a ela, logo antes de morrer, que teve uma bela vida.

Setenta e cinco anos, pensava eu, é uma boa idade para morrer, pois ainda não se está acabado demais e

---

[3] Nota do tradutor: Jeanne Guyon (1648–1717) foi uma mística francesa acusada de quietismo, heresia perseguida durante o reinado de Luís XIV. Foi uma escritora prolífica, deixou numerosos opúsculos religiosos e cartas.

[4] Nota do tradutor: Etty Hillesum (1914–1943) foi uma escritora e mística holandesa de origem judaica, conhecida por seus diários e cartas que refletem sua profunda espiritualidade e força interior diante da perseguição nazista. Morreu em Auschwitz.

o essencial já foi realizado. O que mais esperar? Fazia anos que eu não escrevia. Minha relação com R. tinha passado por uma fase ruim antes de sua partida para a Índia. Ao longo das últimas semanas, minha solidão havia se fechado sobre mim. Eu ainda tinha, de verdade, vontade de viver?

Eu mesma me surpreendia por não ter medo algum de morrer. E matutava, com certa graça, sobre o contraste entre aquela tranquilidade e o abismo de angústia no qual sempre me lançava o abandono por um ser amado.

Imersa na grande igualdade de todos diante da morte, eu vivia em paz, no coração daquela noite, no vazio que se abre diante de nós quando não temos mais futuro.

"É um estado de graça", eu pensava. Só depois comecei a me perguntar se não seria mais uma graça de estado, se a hipóxia não teria alguma influência sobre esse desapego, essa serenidade. No entanto, se meu estado se agravasse, com certeza a sensação de sufocamento a destruiria completamente.

No registro da suspeita, eu também me interrogava em que medida não havia, naquele estado de graça, um desejo de morte arcaico que, talvez, não me pertencesse. A quietude que me habitava não seria um prelúdio da aniquilação?

Mais tarde, durante a noite, talvez eu tenha dormido no meio-tempo, me ocorreu o pensamento de que nunca havia aderido sem reservas à vida, que eu talvez nunca tenha me autorizado a ela. "Sem reserva" estava como que sublinhado, gravado em caixa alta. Aliás, essa meditação noturna, que hoje desdobro, era feita de relampejos, por pensamentos encadeados em velocidade vertiginosa. "O pensamento", dizia Michaux, "é naturalmente extremamente rápido, loucamente rápido".

Pela manhã, meus pensamentos desceram de volta ao chão. Recebi a visita do plantonista, que me deu algumas informações sobre a minha condição. Caso houvesse uma piora, seria necessária uma intubação em coma induzido. Já tinham me dito, mas ele acrescentou que isso poderia durar três semanas. Perguntei-lhe em que estado eu poderia sair daquele tratamento. Ele me respondeu que, nesse caso, deveria fazer uma reabilitação que levaria semanas.

O coma induzido me fez pensar na morte de minha amiga Paola, que ficou desacordada duas vezes depois de uma operação da aorta que não transcorreu bem. Ela viveu um calvário de duas semanas. Eu a vira durante uma fase intermediária de despertar, terrivelmente enfraquecida. Ela fez com a mão um pequeno gesto que significava *bye-bye* e que comunicava, com a elegância que lhe era de costume, seu desejo de morrer.

Curiosamente, o restante daquela conversa com o médico virou um borrão. Só consigo me lembrar daquelas três semanas de intubação, mas fiquei com a impressão de ter sido objeto de certo sadismo médico, bastante comum, aliás. Mas ele talvez só estivesse cumprindo seu dever, prevenindo-me quanto à natureza dos cuidados que poderiam ser necessários e suas consequências.

Ele, porém, não mencionou que eu tinha o direito de recusá-los, o que não me ocorreu, pois eu tinha vindo ao hospital para ser tratada. Eu nunca tinha parado para refletir sobre as famosas diretivas antecipadas, que sempre me pareceram uma pretensão vã de controlar o incontrolável. Eu havia me entregado às mãos dos outros, como nos entregamos à vontade divina. A senhora Guyon me ensinou que Deus pode assumir o rosto de qualquer um.

Por isso, eu não sentia tanto medo assim. O enfermeiro que me recebeu no serviço garantiu que meu caso não exigiria uma intubação tão prolongada. "Não você", me disse ele. Ele contou de uma paciente que ficou intubada só três dias e que despertou sem problemas. O protocolo de cuidados ao qual eu estava submetida também me tranquilizava, pois parecia ser conduzido com precisão e seguido com competência e eficiência. Meu sentimento era de que tudo o que era possível estava sendo feito para ajudar meu organismo a superar o perigo que o ameaçava. O monitoramento constante, a atenção cuidadosa dos cuidadores me envolviam. Não ter tido medo de morrer talvez me desse uma força parecida com otimismo.

Durante aquela manhã, fui rapidamente absorvida pela preocupação com as necessidades mais básicas. A miopia, dizia a mim mesma, havia sucedido à visão planetária da noite. Não havia a menor possibilidade, amarrada como eu estava por perfusões, oxigênio e instrumentos de monitoramento, de ir ao banheiro: aliás, na UTI, sequer havia um. Deram-me uma comadre.

Para mim, era uma novidade. Sem saber como utilizá-la, ergui-me com a pouca força que restava nos meus braços e me equilibrei sobre ela, como se estivesse sentada no assento de um vaso sanitário.

A simples tarefa de viver exigia um esforço extenuante. Para me alimentar, precisava superar um enjoo que já durava uma semana e que se prolongaria ao longo de toda minha internação. Mais tarde, soube que era causado pelo aumento das enzimas do fígado, provocado pelo vírus. Essa repulsa era ainda mais intensa do que a que havia sentido quando tive hepatite, trinta anos antes. Esforçava-me para comer, não tudo o que me davam, mas ao menos algo, para não perder todas as minhas forças.

Aparentemente, eu havia decidido me submeter ao duro desejo de durar e fazer o possível, eu também, para aumentar minhas chances de sobreviver, já que tudo ao meu redor me dava esse exemplo. Era como se a minha vontade necessária para viver fosse sustentada pela dos outros. Da mesma forma, precisei que Livia, na noite anterior, ligasse por mim para a emergência. Uma noite a mais, sozinha e sem cuidados, talvez eu tivesse sucumbido a uma insuficiência respiratória aguda.

Às seis da manhã, R. desembarcou da Índia no Roissy e me enviou uma mensagem para saber onde eu estava. Era para ela ter chegado na noite da véspera, mas seu voo fora cancelado, pois a Índia começava entrar em confinamento. Ela conseguiu lugar em um dos últimos voos a deixar Nova Déli e me telefonou de uma escala, enquanto eu aguardava a ambulância para Cochin. Conseguimos nos falar ao telefone durante a manhã. As visitas estavam proibidas, mas o uso do celular era ilimitado. Ao longo de minha internação, R. me ligou a cada duas horas. Seu medo e angústia me diziam de seu desejo de que eu vivesse. Sua voz, sua presença próxima me sustentava.

A leitura também me sustentava, como sempre. Enquanto, na espera da ambulância, preparei minha bolsa para ir ao hospital, não esqueci o último volume de *Os irmãos Karamázov* que estava lendo. Ele me acompanhou nos três dias que passei na UTI. Também levei meu *tablet*, que me permitia ler jornais e acompanhar as notícias sobre a pandemia. Se todo esforço físico era difícil, a leitura não era. Entre a passagem dos profissionais de saúde, as chamadas telefônicas e os momentos de leitura, eu dormia. O tempo passava rapidamente, e cada segundo era uma vitória, pois aumentava minhas chances de escapar da intubação.

Na manhã seguinte, o enfermeiro, que eu já conhecia e que estava de plantão durante todo o fim de semana, veio com um colega para me dar banho. Eles me ensaboaram por completo e lavaram meus cabelos "porque era domingo". Durante toda a semana em casa, eu me dizia que precisava lavá-los para que estivessem limpos caso eu fosse internada, mas não tive forças para tanto.

Esse banho me fez pensar em minha mãe centenária, acamada há mais de dois anos, deitada no mesmo leito hospitalar com colchão de ar em que eu me encontrava agora. Era estranho me ver no mesmo ponto que ela, na mesma fragilidade e desamparo, com uma diferença de vinte e cinco anos. Ela tinha horror que a banhassem e gritava ao longo de todo o processo, sem que soubéssemos se era por pudor ou pela dor de ser manipulada. De minha parte, dizia a mim mesma que não sentia pudor. Aliás, meu corpo, desnutrido e atrofiado, esgotado por uma semana de febre, parecia ter mergulhado de repente na velhice extrema. Estar nua sob o olhar de dois homens tinha perdido toda e qualquer significação erótica; seus gestos, para mim, assumiam o sentido de um ato de humanidade para com o próximo indefeso que eu havia me tornado: uma obra de misericórdia, que me recordava o quadro de Caravaggio no Pio Monte de Nápoles, que pude contemplar com Paola tempos atrás. Era reconfortante e suave, me transmitia um sentimento de gratidão. Aliás, eu experimentaria este sentimento durante toda minha internação.

Na segunda-feira, informaram-me que no dia seguinte eu deixaria a UTI e seria transferida para a enfermaria de clínica médica, ainda no Cochin. Em princípio, queria dizer que eu estava melhor. Ministravam menos oxigênio. Mas tampouco escondiam de mim que, principalmente, precisavam de meu leito para receber o afluxo crescente de novos doentes. Quando cheguei à UTI, ainda havia duas vagas livres, que foram preenchidas em seguida. Disseram-me que, caso meu estado exigisse uma intubação repentina, eu seria trazida de volta imediatamente. Concluí, portanto, que ainda não estava fora de perigo.

Fiquei aborrecida de deixar aquele setor, onde me sentia segura. Além disso, imaginava que seria mais bem cuidada na pneumologia do que na clínica médica, e tentei, algo que não havia feito na semana anterior, recorrer ao "empurrãozinho" do professor P. para ser admitida. Ele recusou intervir, assegurando-me que eu seria bem tratada no serviço que me acolheria.

De fato, foi o que aconteceu. Gostei bastante da atmosfera desse setor, e me senti muito bem durante os seis dias que fiquei lá. Apesar da situação cada vez mais crítica nos hospitais da França, atmosfera continuava calma. Eu percebia, pelos barulhos do corredor, a atividade de todos, sem alarde, e admirava sua concentração, eficiência, disponibilidade. Também me dei conta, o que não havia percebido na UTI, do perigo representado por esse vírus e do perigo que nós representávamos como portadores dele: era Chernobyl! Aventais descartáveis, máscaras, óculos e toucas dificultavam, aliás, reconhecer aqueles que os usavam. Mas o mais impressionante era ver que todas essas proteções eram removidas e descartadas ao sair do quarto, sendo substituídas antes de entrar no quarto do próximo paciente. A sobrecarga de trabalho era enorme, e ainda assim não gerava qualquer nervosismo.

Entre os profissionais de saúde, eu tinha os meus favoritos. A jovem médica que entrava todos os dias anunciando: "Sou Patricia, a residente". Era a única que dizia seu nome e o repetia todas as vezes, embora eu já a reconhecesse apesar do aparato que a escondia. Eu também gostava de uma enfermeira que, normalmente, trabalhava em um setor de pesquisas sobre doenças raras localizado no mesmo pavilhão e havia sido transferida para esse setor para ajudar a lidar com o tsunami de internações. Eu a reconhecia pela faixa vermelha que se via sob a touca. Ela realizou, sem me fazer sofrer muito, uma punção arterial para medir as trocas gasosas e aplicava curativos para aliviar a inflamação das veias causada pelas infusões intravenosas.

Ao cabo de alguns dias, eu tinha a impressão de estar num mundo à parte. Eu lhe perguntava "como estava lá fora" com o confinamento. Ela me respondia que parecia um domingo de agosto. O tempo estava lindo naqueles dias. Meu quarto era iluminado, eu via pela janela os prédios da frente, um deles com um terraço onde alguém saía de vez em quando. Eu pensava comigo mesmo que talvez aquela pessoa olhasse para os quartos do hospital, pensasse nos pacientes internados e tivesse pena deles.

Eu, contudo, não sentia que devia ser alvo de compaixão, eu estava bem naquele setor. Gostava das pessoas que trabalhavam ali, tão dedicadas em seu ofício. Naquele hospital, até as refeições me pareciam maravilhosas, equilibradas, variadas, preparadas com cuidado, como que com a intenção de agradar, ainda que eu quase não conseguisse comer nada por conta do enjoo que não me abandonava. Até mesmo a camisola de algodão que eu usava, estampada com as letras AP-HP[5] e aberta nas costas, me agradava. Eu achava elegante e imaginava que aquele modelo devia ter sido concebido por algum estilista. Também me deram meias de compressão brancas, que achei muito bonitas e que mais tarde me arrependi de não ter levado de lembrança.

Os dias passavam sem que eu tivesse tempo de me entediar. A cada duas horas, as enfermeiras vinham verificar os parâmetros biológicos. Enquanto faziam seu trabalho, eu conversava com R.. Muitos amigos, e até mesmo conhecidos mais distantes, pediam regularmente notícias minhas por mensagem. Às vezes me ligavam, mas eu estava muito cansada, muito ofegante para atender ao telefone, exceto se fosse R., e pedia a meus interlocutores para que se dirigissem a ela para saber detalhes. Todas as noites, ela dedicava um bom tempo para responder a todos. Um afeto genuíno transparecia nessa solicitude. Meus pacientes também perguntavam sobre mim, por vezes eu os sentia ansiosos e sempre lhes respondia por SMS. Todos esses laços formam uma rede calorosa.

Eu lia muito. Tendo terminado *Os irmãos Karamázov*, o único livro que havia levado comigo, descobri um aplicativo que me permitia baixar no *tablet* livros que eu comprava *online*. Uma biblioteca inesgotável estava à minha disposição. Depois de um romance de Echenoz, voltei a

---

[5] Nota do tradutor: sigla para "Assistência Pública – Hospitais de Paris".

Dostoiévski, com *O eterno marido*, *Uma história desagradável*, *O duplo* e, por fim, mergulhei em *Memórias da casa dos mortos*, que me acompanhou até o fim de minha estadia, ressoando com a vitalidade que eu sentia voltar a meu corpo, vitalidade que o herói desse livro descobre no cerne de seu infortúnio.

Se eu não me sentia infeliz, todas as manhãs, no entanto, eu era confrontada com a dura realidade da agressão sofrida pelo meu organismo e seu enfraquecimento. O menor movimento exigia de mim um esforço descomunal, sair da cama, ir até o banheiro, acompanhada por uma auxiliar de enfermagem que cuidava dos cilindros de oxigênio, enquanto eu tentava, com dificuldade, deslocar a infusão. Eu estava tão fraca que tinha medo de cair e me sentia quase abandonada quando a auxiliar me deixava sozinha para tomar banho, onde, felizmente, eu podia me sentar. Ficar de pé para escovar os dentes estava além de minhas forças, também para isso eu tinha que me sentar, o que ao menos me poupava de ver no espelho a palidez que denunciava o grau de alteração de minhas forças vitais. Realizar esses gestos tão simples e habitualmente fáceis parecia uma maratona, tamanha era a falta de fôlego. Voltava para a cama com a sensação de ter cumprido uma tarefa sobre-humana. Somente a impressão de um pequeno progresso dia após dia me preservava da ideia de uma decadência definitiva.

No dia seguinte a minha entrada no setor, onde fui recebida pelo chefe da clínica, dr. M, recebi a visita de outro médico, o dr. D. que, após me fazer compreender a gravidade de meu estado ao dizer que meus pulmões estavam comprometidos em três quartos pela pneumonia, me convidou a participar de um protocolo experimental com o Kaletra, até então prescrito para o tratamento da AIDS e que estava sendo testado contra o coronavírus. Ele era apresentado um pouco como o remédio da última esperança. Os medicamentos contra a AIDS têm a fama de ter muitos efeitos colaterais. Informei-me sobre eles com o médico, que me disse que, se esses efeitos fossem muito grandes no meu caso, suspenderíamos o tratamento e voltaríamos ao Plaquenil, que havia sido interrompido no dia anterior por uma ordem ministerial. Eu o havia solicitado novamente, sem sucesso.

Disse que iria pensar e consultar o prof. D, e comecei, após a sua saída, a consultar a ficha pelo *Vidal*, na internet[6]. Um dos efeitos colaterais do Kaletra era o aumento das transaminases. Ora, justamente as minhas, após terem subido significativamente com o vírus, estavam começando a baixar, e eu não desejava vê-las aumentar de novo. O fígado também é um órgão vital. O Kaletra, também pude ler na internet, já havia sido testado pelos chineses, que não constataram sua eficácia terapêutica contra o vírus. Quando consegui entrar em contato com o prof. D., soube que o dr. D., antecipando-se

---

[6] Nota do tradutor: *Vidal* é uma base de dados *online* usada por profissionais da saúde, contendo informações sobre medicamentos, como composição, indicações, dosagem, efeitos colaterais e interações.

a mim, já o havia consultado. O prof. D. insistiu veementemente para que eu aceitasse participar do protocolo, apesar das minhas objeções quanto às transaminases. Tive a impressão de que ele estava mais preocupado em se solidarizar com seu colega do que com os benefícios ou malefícios desse tratamento para sua paciente. Liguei para o dr. M. Ele me aconselhou a recusar esse medicamento, pois havia o risco de me enfraquecer ainda mais. Não era o momento de ser cobaia.

Minha decisão foi rápida, apostei em meus próprios recursos. Minha passividade da semana anterior havia desaparecido e eu já não confiava inteiramente nos outros. Em suma, eu estava melhor. Patricia, a residente, ficou do meu lado. Ela registrou minha recusa e me disse que, de qualquer forma, como meus sintomas iniciais já tinham catorze dias, não se justificava me inscrever no protocolo. Percebi que meu relacionamento com os médicos titulares, especialmente os homens, era mais difícil do que com os internos, enfermeiras ou enfermeiros. Patricia, a quem eu via pelo menos duas vezes por dia, sempre respondia às minhas perguntas com clareza. Eu gostava de sua discrição, seriedade, sua concentração.

Três dias depois, o dr. D. veio me examinar novamente e declarou que não se ouviam mais os estalidos característicos de uma pneumonia. Eu estava curada dela, mas a inflamação responsável pela minha falta de ar persistia. Ele ficou surpreso por eu ainda precisar de três litros de oxigênio e, "pensando em voz alta", disse ele, perguntava-se se não haveria "algo mais". Quando perguntei sobre o que poderia ser esse "algo mais", ele mencionou uma possível embolia pulmonar, sem se aprofundar no tema. No entanto, acrescentou que, como eu já estava tomando anticoagulantes, não havia necessidade de mais exames. Mais tarde, Patricia me explicou que aquele vírus frequentemente causava "microêmbolos", pequenos coágulos que podem obstruir os vasos que irrigam os pulmões, incluindo as artérias.

Com a esperança renasciam as ansiedades, que aproveitavam para se nutrir das palavras dos médicos. Mesmo após meu retorno para casa, fui atormentada por muito tempo pelo medo de que o vírus se reativasse. Sempre tinha um pouco de ansiedade de noite, antes de dormir, talvez porque respirava com mais dificuldade ao me deitar. Assim, permanecia meio sentada, com a cabeceira da cama hospitalar elevada, e tinha dificuldades de encontrar uma posição menos incômoda com o travesseiro. De volta para casa, dormia com vários travesseiros. Eu me senti curada quando, algumas semanas depois, consegui dormir deitada outra vez. Mas, no geral, a ansiedade não era avassaladora e me sentia habitada por uma nova força. Eu talvez estivesse em vias de superar a doença.

Logo vieram me anunciar que eu seria transferida para outro hospital, mais uma vez para liberar espaço para outros pacientes. Aproximava-nos do pico da pandemia. Tentei ganhar mais alguns dias, dois ou três, até que não precisasse mais de oxigênio e pudesse voltar para casa. Patricia, que riu quando eu lhe disse a que ponto me sentia naquele setor, me deu alguma esperança. As enfermeiras tentaram me consolar dizendo que a atmosfera não seria a mesma em breve, pois logo o serviço estaria sobrecarregado.

No domingo, um verdadeiro areópago veio me anunciar a partida para o dia seguinte: o dr. M., que me havia recebido no setor, o dr. D., que me propusera o Kalestra, e o chefe do serviço, que eu via pela primeira vez e que me examinou pessoalmente e confirmou que não havia mais sinais de pneumonia. Patricia os acompanhava. Eles me informaram que eu seria transferida para a clínica B., que pelo menos eu conhecia, e que ficava em Paris, não longe de minha casa. Não me restava outra opção senão aceitar. Dirigi-me a eles como representantes daquele hospital que tinha salvado minha vida e, voltando-me especialmente para Patricia, agradeci-lhes. A emoção me trouxe lágrimas aos olhos. Eu realmente me apegava à vida a ponto de me emocionar assim por terem me salvado?

Os dois trajetos de ambulância da semana anterior foram feitos à noite. Eu havia avistado, com as luzes apagadas e portas fechadas, os restaurantes do bulevar Montparnasse, que eu conhecia tão bem, mas as ruas vazias pareciam menos impressionantes à noite do que durante o dia. Pela manhã, ao longo do percurso de Cochin até a clínica B., o espetáculo das ruas sem uma alma viva era apocalíptico. Paris parecia uma cidade abandonada, como se seus habitantes tivessem fugido, deixando uma praga reinar soberana sobre um deserto, a menos que todos tivessem perecido misteriosamente.

A ambulância passou não longe da minha casa e cruzou o Sena, por onde nenhuma embarcação mais subia.

A clínica B. me fez sentir muitas saudades do Cochin. A começar pelo quarto gelado. Passei toda a tarde lutando para conseguir um pouco de calefação. O pessoal, evidentemente, recebia com má vontade os pacientes contagiosos, que lhes impunham uma carga de trabalho adicional também. Era possível esperar duas horas até que atendessem seu chamado. O médico chegava tarde pela manhã, junto com o café, acumulando duas funções para economizar o tempo de vestir os equipamentos de proteção. Os cuidados eram, às vezes, dispensados com uma brutalidade que parecia muito com a incompetência. O mesmo aconteceu com o *swab* nasal para coletar amostras, que era um suplício ali, ao passo que no Cochin era realizada sem problemas. Também com a punção arterial, que três enfermeiros e enfermeiras diferentes erraram, causando em mim dores intensas, até que um médico viesse efetuá-la sem qualquer percalço. Descobri posteriormente que apenas um médico é habilitado a realizá-la.

Finalmente, esse mesmo médico me liberou. Os resultados foram bons, ele desconectou o tudo de oxigênio e me informou que eu receberia alta no dia seguinte.

Era uma manhã de sábado quando atravessei novamente, dessa vez de táxi, Paris deserta, e encontrei R. em frente a meu prédio.

Temia impressioná-la, pois estava muito magra, mal conseguindo ficar de pé, pálida, com olheiras. Não podíamos nos abraçar, pois os médicos da clínica B. haviam recomendado que mantivéssemos distância por dez dias, para o caso de eu ainda estar contagiosa, já que o teste com *swab* nasal, que poderia ter esclarecido essa questão, tinha dado errado. Eles me deram uma receita para máscaras, mas as farmácias foram proibidas de vendê-las, sob pena de seis meses de prisão e multa de dez mil euros! Restava-nos manter distância. Eu me esforçava para não tocar em nada fora de meu quarto e do banheiro que usava sozinha.

R. me nutria, e comecei a recuperar o apetite. Ela se levantava muitas vezes ao longo da noite para ver se eu não estava mal. Continuou preocupada por muito tempo. Eu ainda ficava muito ofegante com o menor esforço. Ainda tinha que me sentar entre as tarefas de higiene pessoal, mas me dedicava a fazer exercícios para recuperar minhas forças, alguns movimentos de ginástica respiratória indicados por uma fisioterapeuta da clínica B., bem como cem passos dentro do apartamento para fortalece os músculos. Durante essas caminhadas, percebi que minha visão estava um pouco embaçada, o que aumentava minha sensação de instabilidade. Isso foi desaparecendo aos poucos.

Foram necessários uns dez dias até que eu conseguisse dar a volta no quarteirão, sempre acompanhada por R., pois tinha medo de cair. Depois, começamos a sair todos os dias, aumentando um pouco, a cada vez, o percurso.

Levei quase dois meses para recuperar completamente o fôlego. Uma tomografia torácica de acompanhamento mostrou, por fim, que eu não tinha nenhuma sequela da infecção, em especial nenhum sinal de fibrose pulmonar. Eu estava curada.

"Você está se recuperando bem dessa porcaria?", escreveu uma amiga. Essa palavra, "porcaria", me choca, como ela fosse dirigida a mim pessoalmente. A esse vírus que quase me matou, prefiro conceder a dignidade de uma praga.

Hoje, mais de três meses depois, essa aventura — pois é assim que eu a vivi — me parece irreal. Talvez seja um signo do Real, no sentido pleno que lhe conferia Lacan, essa impressão de irrealidade que deixou em seu rastro.

Foi também um momento precioso, o de uma experiência dupla. A de uma proximidade serena com a morte durante a primeira internação. E a de uma agressão orgânica profunda, que eu nunca havia experimentado antes, assim como dos recursos que descobri em mim mesma para enfrentá-la, uma força de vida no próprio cerne da fragilidade.

Fui convidada algumas vezes para ir a Bruxelas falar de um dos meus livros com os psicanalistas. Há alguns anos, um evento foi organizado num sábado à tarde para tratar daquele que era meu último livro, *O Solitude*. Esse encontro foi especialmente agradável. Era um dia bonito, a sala que nos acolheu era bem iluminada. Estava cheio, era caloroso. Às vezes, no decorrer desses encontros, ocorre algo como um estado de graça, que para mim é o que lhes dá valor. Deixo-me atravessar pela palavra do jeito que ela vem, tanto a minha como a dos interlocutores, ao que algo novo às vezes advém.

Foi o caso daquele dia. Uma jovem fez uma intervenção que teve, para mim, o valor de uma interpretação. Ela me fez notar que o Outro, com maiúscula, tal como se delineava naquele livro, era um Outro investido de uma potência de destruição. Ela aludia, em especial, ao que eu tinha escrito sobre a natureza, que nos condena ao aniquilamento.

Fui capturada pela justeza de sua observação. De fato, a evidência que a natureza nos destina à morte poderia muito bem dissimular uma fantasia.

Aquele livro tratava da serenidade contemplativa na qual nos mergulha o espetáculo da natureza que, dizia eu, "por vezes culmina na alegria de desaparecer na visão dessas coisas tanto mais belas por não precisarem de nós, não se preocuparem conosco, cuja beleza talvez seja feita do poder que têm de nos aniquilar".

Estas linhas condensavam ao mesmo tempo uma referência ao sublime kantiano e a ascese mística que, ambas, põem em jogo um gozo ligado a uma forma de aniquilamento.

Elas me foram inspiradas pela frequência assídua das ilhas vulcânicas do mar Tirreno. O azul cintilante do mar sob o sol de verão, sua beleza radiante, não nos deixam esquecer a ameaça sísmica que contém e que aflora sem cessar, seja nas fumarolas, seja no borbulhar em locais de suas profundezas. Às vezes, uma erupção mais forte precipita no mar blocos arrancados da cratera, provocando um tsunami conhecido como "*onda profonda*". A beleza é o véu da pulsão de morte, dizia Lacan. Adorei essas ilhas com entusiasmo, com exultação.

Kant e, antes dele, Burke desenvolveram, com a noção de sublime, esse paradoxo do prazer que obtemos pela contemplação daquilo que pode nos destruir. Quanto a isso, Kant fala de "prazer negativo" e Burke propõe o termo "*delight*". Ambos observam que quanto mais aterrorizante for o espetáculo, maior é o prazer, sob a condição de estarmos protegidos, como já dizia Lucrécio.

Sublime é, portanto, o espetáculo dos elementos desencadeados. Tempestades, raios, erupções vulcânicas, furacões devastadores, tormentas, cataratas, "essas são coisas", escreve Kant, "que reduzem nosso poder de resistência a algo de derrisório em comparação com a força que lhes pertence. Mas, se estamos seguros, o espetáculo é tanto mais atraente quanto mais apto a suscitar o medo".

Mais ainda do que Kant, Burke é sensível ao prazer malicioso que o sublime contém. Segundo ele, "não há espetáculo que busquemos com mais avidez do que uma calamidade extraordinária e rigorosa". Ele chega a dizer estar "convencido de que as desgraças e dores alheias nos proporcionam um deleite [*delight*], que não é de fraca intensidade".

O "*delight*" é um prazer que não pode existir sem relação com a dor. É a emoção mais forte que somos capazes de sentir, pois as ideias de dor, diz ele, são muito mais poderosas do que aquelas advindas do prazer. Um "horror deleitoso", eis a melhor definição do sublime. No registro das emoções dolorosas, o medo é a mais forte, aquele provocado pela potência "cuja essência se realiza na destruição". O poder, inclusive político, afirma Burke com audácia, é, antes de tudo, poder de aniquilar.

Mas de onde vem a estranha satisfação obtida pela representação de nosso próprio aniquilamento por uma potência superior? Kant e Burke concordam em situá-la além do princípio de prazer, para retomar os termos de Freud. Para Kant, este além é o mesmo em jogo na lei moral, que se impõe em detrimento do interesse próprio, incluindo a conservação, do seu bem-estar ou do seu prazer. Os "objetos sublimes", se são fontes de terror, "elevam as forças da alma acima da média habitual e nos fazem descobrir em nós um poder de resistência de outro tipo, que nos dá coragem para nos confrontarmos com a aparente onipotência da natureza".

Se a natureza nos faz conhecer nossa fragilidade física, ela nos desvela, graças ao sentimento do sublime que suscita em nós, uma faculdade que nos permite nos considerar independentes em relação a ela, "de modo que a humanidade em nossa pessoa não seja diminuída, ainda que o homem deva sucumbir diante de tal potência". O sentimento estético do sublime torna sensível ao espírito "o que é propriamente sublime em sua finalidade e superior até mesmo à natureza". Não é a natureza, mas a razão que é sublime por seu poder de impor-se à nossa sensibilidade e triunfar até sobre o medo.

Burke, de sua parte, não faz referência à potência da razão. O transcendental não o preocupa. A seu ver, é nossa própria natureza, tanto física quanto psíquica, que tem necessidade de emoções fortes. Definhamos em uma vida de prazeres. A inação, por sua vez, engendra languidez, melancolia, abatimento, desesperança e "leva com frequência ao suicídio". É disso que o trabalho nos salva. Burke, seguindo Locke, faz dele um elogio bastante moderno. O *otium*, que os antigos elevavam sobre todos os demais tipos de vida, se vê suplantado pelo trabalho, que é exaltado em todas as suas formas: a labor do corpo, o trabalho das mãos, o do entendimento. Ora, o trabalho é indissociável da dor, pois envolve tensões e contrações dos músculos ou do espírito.

As faculdades intelectuais, como as faculdades físicas, precisam ser exercitadas para se conservarem em bom estado. É a tal finalidade que responde o sublime. Se o trabalho comum é feito pelos órgãos mais grosseiros, "uma forma de terror está ligada ao exercício dos órgãos mais refinados", ou seja, os órgãos espirituais. Em suma, segundo ele, o ser humano tem necessidade, física e psiquicamente falando, da dor, do horror e do terror, desde que eles não sejam realmente nocivos, ou seja, que a dor não chegue às raias da violência e que o terror "não esteja associado à destruição iminente da vida". O que é sublime nos faz experimentar "uma espécie de horror deleitoso, um tipo de tranquilidade tingida de terror", cuja intensidade deriva da ativação da paixão mais poderosa, a da conservação de si.

Indo por aí, não estamos longe de Sade, para quem a natureza se encarna em forças de destruição às quais ela nos convida a nos associar por meio dos gozos que ela em nós suscita. "As desordens, os vulcões dessa natureza, sempre criminosa, mergulham a alma numa perturbação que a torna capaz de grandes ações e de paixões tumultuosas". Burke e Sade foram praticamente contemporâneos.

Mas nem Kant nem Burke consideram que o sentimento do sublime possa resistir a uma ameaça real. Edgar Allan Poe foi o único a imaginar que ele pudesse subsistir no próprio cerne do perigo. Em *O Solutide*, que minha interlocutora em Bruxelas havia lido, evoquei "Uma descida ao Maelström", cujo herói, no meio do imenso vórtex onde foi precipitado, é tomado de admiração e de entusiasmo, a despeito de sua própria conservação, diante do esplendor do fenômeno natural que se desvela diante de si. "Na boca do abismo, ele chega a corar de vergonha", escrevi eu, "com a ideia de ainda pensar em sua sobrevivência, diante daquilo que lhe parece ser a prodigiosa manifestação do poder divino". Deus ou natureza, aqui, são uma e a mesma coisa.

Esse desprendimento contemplativo, no entanto, salva o herói que encontra a liberdade de racionalizar e calcular as trajetórias dos objetos arrastados pelo redemoinho. Ele percebe que mesmo no abismo há leis, e é assim que encontra uma maneira de escapar. A lógica, ou seja, a razão, prova-se mais forte do que a potência destruidora da natureza. Para Poe, como para Kant, o horror ou o terror suscitado pelas forças da natureza são contrabalançados pela superioridade do espírito e o sentimento de potência que ele confere.

Na UTI do Cochin, a serenidade que me habitava devia algo a tal sentimento? De qualquer forma, como o herói de Edgar Allan Poe, o perigo de morte que eu corria não me impediu de me sensibilizar com o que poderia haver de sublime nesse vírus, este ser ínfimo que colocou o planeta de joelhos. Toda a humanidade estava sob a ameaça imposta por esse coronavírus tão bem nomeado. Era grandioso. Que a natureza não se preocupa conosco ficou mais claro do que nunca. Ela é indiferente a nosso aniquilamento, do qual ela sequer goza. Nietzsche tinha uma fórmula perfeita para qualificá-la: "A indiferença transformada em potência".

Nos meses seguintes à reunião em Bruxelas, a intervenção de minha interlocutora continuou a ecoar. Ela questionava evidências, deslocava minhas interrogações, da impessoalidade da metafísica ao concreto de minha história particular.

Ao refletir sobre a ideia de uma vontade de morte que se inscrevia, para mim, no Outro, me veio à mente de supetão um sonho de adolescência que marcou bastante. Tinham me condenado à morte. O julgamento me lançava em um paroxismo de angústia e revolta. Depois, repentinamente, eu consentia em morrer, consentimento que me apaziguava por completo. Os que haviam me condenado eram em maior número, um areópago. A condenação não era um castigo, não tinha relação com qualquer erro. O veredito não era motivado pela hostilidade. Os juízes — eram mesmo juízes? — eram de uma perfeita equanimidade.

Na vida real, conheci essa transformação da angústia em serenidade mais tarde, após quase morrer na estrada que me conduzia ao meu primeiro posto de ensino, em uma pequena cidade cujo nome começava com "Mort...". Essa palavra, inscrita na minha folha de nomeação, saltara aos meus olhos como uma condenação, que o acidente de que escapei por pouco, quase chegando ao destino, como que duplicou. A angústia que eu sentia diante do que vivia como um exílio se intensificou até o desespero.

Contudo, nos dias que se seguiram, essa angústia desapareceu e deu lugar a uma liberdade interior inédita.

Era como se uma graça me tivesse sido concedida, que me devolveu, junto com a vida, um mundo mais presente, mais vivo. Parecia que uma tampa havia sido erguida, e um grande vazio feliz se desdobrava, engrandecendo todas as coisas. Vivi na felicidade inédita desse vazio por semanas.

Era mais do que serenidade, mas não exatamente um êxtase, embora eu tivesse a sensação de ter saído bruscamente de um confinamento, ou seja, de ter, de certa maneira, saído de mim. Tomei emprestadas de Henri Michaux as palavras que me ocorreram para qualificar esse estado: o Vazio beatífico.

Esse momento memorável me deixou nostálgica, e seu caráter enigmático me levou a iniciar uma análise; mais tarde, como o enigma não se elucidava, segui com a tentativa de encontrar as chaves pela escritura. Eu as procurei em escritores ou cineastas que testemunharam uma semelhante conversão da angústia da desolação em serenidade, ou até em êxtase.

De Michaux e das lições que ele tirava da droga retive que a porta que se abria para o êxtase era a do consentimento com o inevitável, o abandono sem reservas ao que nos arrebata, como quem se entrega ao pior inimigo. "O êxtase", escrevi em *Abismos ordinários*, "teria assim como condição a derrelição, consistiria na inversão que se opera quando se consente nele[...]. A derrelição é vivida na falha do recurso ao Outro como instância tutelar. Esse Outro, nossa proteção primitiva, nos aparece então como aquele mesmo de quem vem o perigo, já que estamos à mercê de sua bao ou má vontade, de seu desejo enigmático, quando não de seu gozo.[7]"

Minha leitura das obras de Rossellini e de Tolstói levou-me a identificar uma fantasia de resgate, que acreditei reconhecer em minha história. Também para eles, era o abandono que salvava, a aceitação de sua própria perda. Mas não encontrei, nem mesmo procurei, o que também era um enigma: essa obscura condenação à morte.

Esse enigma me conduziu às místicas, que li bastante depois de minha aventura interior de Mort... Uma das maiores entre elas, a senhora Guyon, foi testemunha do longo aniquilamento de si que consiste na ascese mística. Ninguém chegava perto de suas descrições das etapas do arrebatamento e ela foi uma das poucas a ter chegado ao termo do processo, a abolição de si no não-ser onde até mesmo Deus se dissolve.

Mas o aniquilamento não era a palavra final. "Uma força secreta", um "vigor secreto", começa a brotar, depois a jorrar do nada. Ele muda de signo, torna-se um elã, puro elã vital. Sem objeto, gratuito, sem porquê, ele se espalha no espaço infinito, no grande vazio liberado pela desaparição de si e de Deus. É então a "Vida perfeita", aquela em que a alma entra na "Paz-Deus", como um rio que se perde no oceano.

---

[7] MILLOT, C. *Abismos ordinários*. Tradução de Bruno Ferreira Castro e Fernando Scheibe. Rio de Janeiro: 7 Letras, 2023, p. 31.

Deus exigia que sua criatura se aniquilasse para melhor unir-se a Ele. A salvação passava pela aniquilação consentida.

Entretanto, a senhora Guyon pouco fala sobre a salvação. Muito mística para se importar com ela. O que lhe importa é a vontade divina e dar-lhe todo espaço, abolindo tudo o que a ela se opõe, o que faz obstáculo, ou seja, ela mesma. Aqui, não existe oposição entre perda e salvação, é tudo uma coisa só. É questão de liberar o espaço de modo que não reste traço de si, nada além do infinito onde tudo se perde.

Quanto a mim, o que decididamente me cativava na aventura mística era o desaparecimento de si, onde parecia residir a maior felicidade. Encontrei em *L'écriture du désastre*, estas palavras de Blanchot: "o assassinato feliz de si mesmo". Blanchot falava sobre concordar com a recusa. Eu ouvia: "dizer sim ao que te nega", que poderia resumir meu sonho de condenação à morte.

Mas de onde vinha aquele sonho? Ele era ainda mais enigmático do que a "Vida beatífica" que eu havia estimado por tanto tempo. Que potências eram aquelas que me condenavam, e por que o faziam?

De repente, sem saber como, a resposta ao enigma me ocorreu subitamente, como uma evidência. Eu quase morri no parto e fui condenada pela Faculdade. É um palavrão, não teve nenhum areópago, só o médico da família, que realizou o parto de minha mãe em casa, já que a estrada para a clínica, inicialmente prevista, estava sob bombardeios dos Aliados. Minha mãe relatava com frequência o ocorrido. Meu pai, por sua vez, não menciona nada disso no pequeno caderno verde onde narrava os meus inícios na vida. Segundo minha mãe, o médico tentou prepará-los para minha morte dizendo-lhes, a título de consolação, que era comum acontecer com o primeiro bebê.

Eu sofria de icterícia, algo corriqueiro em recém-nascidos, mas que pode se tornar grave quando resultante de uma incompatibilidade sanguínea feto-materna, o que era meu caso, como se verificou mais tarde. À época, não se preocupavam em identificar grupos sanguíneos. Tampouco se usava a "luz azul" para facilitar a eliminação da bilirrubina.

O médico recomendou a suspensão do aleitamento materno, que então era considerado como causa possível de icterícia neonatal. Três dias após meu nascimento, eu havia perdido 500 gramas, e a febre subiu para 39,8°. Meu pai anotou no caderno verde que, com a autorização do médico, "foi feita uma experiência de alimentar o bebê que reduziu a temperatura e trouxe a recuperação da saúde do recém-nascido". O leite de minha mãe, inicialmente descartado como um veneno potencial, foi o que me salvou. Curiosamente, meu pai não menciona a icterícia em suas anotações, contudo tão detalhadas.

As palavras que cercam o nascimento de uma criança têm um peso de destino. Nos contos, são as fadas que pronunciam as palavras fatídicas, dádivas ou maldições.

As palavras do médico foram transmitidas a mim por minha mãe, e sua insistência no risco de vida que corri acabou por me fazer pensar, quando comecei minhas leituras psicanalíticas, que talvez ela ocultasse algum voto inconsciente de morte.

No início de minha análise, compartilhei com Lacan essa suspeita. Ele concordou de forma suficientemente clara para que eu saísse da sessão convencida de ter sido objeto de um desejo de morte da parte de meus pais. Eu o atribuía aos dois. Ambos não tinham desejado um menino? Atravessando o pátio do número 5 da rue de Lille, me pus a chorar copiosamente. Esse assunto não voltou a ser abordado em minha análise, e, ao pensar nisso mais tarde, achei essas lágrimas bem ridículas.

Essa pequena história sobre meu nascimento lançou luz de repente sobre o sonho da condenação à morte. Eu nunca tinha feito a conexão.

Nos textos que escrevia, as palavras estavam lá, mas guardariam seu mistério. Assim, em *Abismos ordinários*, escrevi sobre o acidente que quase sofri: "ter quase morrido na estrada de Mort..., que parecia significar para mim algo como um veredito obscuro e uma redução de pena não menos obscura."[8]. A obscuridade se dissipava agora, iluminada por essa saga das origens, que eu nunca tinha esquecido, mas que permanecia relegada a um canto da minha memória. No mesmo texto, também

---

[8] MILLOT, C. *Abismos ordinários*. Tradução de Bruno Ferreira Castro e Fernando Scheibe. Rio de Janeiro: 7 Letras, 2023, p. 12.

anotei: "É como se, dizia a mim mesma, tivesse morrido na estrada e agora vivesse uma existência supranumerária. Devo falar de renascimento? Melhor falar de uma segunda vida, desobstruída, gratuita, concedida como uma graça."[9].

A condenação e a graça, a perdição e a salvação, ou ainda a morte e o renascimento formavam como que um fio vermelho que atravessava tudo o que eu havia escrito. Mas não apenas isso.

Até mesmo meu envolvimento na análise parecia estar atravessado por essa lógica. Eu esperava dela uma forma de salvação às custas de consentir com perder tudo, ilusões, falsos semblantes e todas as defesas. Eu via nela um movimento de negação infinita que retira de você toda base antes de te libertar.

Também me parecia que eu havia vivido a relação de transferência como um ordálio, a espera por uma sentença de vida ou de morte. Essa espera estava igualmente em jogo quando eu me apaixonava. Se acontecesse uma ruptura, um abandono, eu vivia-os como uma sentença de morte. Assim, em *O Solitude*, de que falamos em Bruxelas, escrevi acerca de meu primeiro amor: "O amor foi como um ordálio cujo veredito eu já conhecia de antemão, um julgamento divino que condena e rejeita. O amor estava condenado desde o início e resumia-se a sofrer essa lei implacável". Evocava

---

[9] Ibid., p. 13.

"o poder exorbitante" que havia investido na pessoa amada, "aquele de me aniquilar".

Quando escrevi essas linhas, em momento algum pensei nas palavras pronunciadas em meu nascimento. Pairei em volta delas em total desconhecimento. Acrescentei estas palavras, que faziam eco ao sonho de condenação à morte, tão distante de meu espírito naquele momento: "O deus que tinha todo poder sobre mim não era um deus vingador, mas um deus que não estava nem aí, um deus com a cabeça em outro lugar e para quem, muito simplesmente, eu não existia".

Quanto à saída do estado depressivo em que mergulhei depois da primeira decepção amorosa, notei que ela foi "como um segundo nascimento" ao fim de uma longa noite obscura: "Talvez eu tivesse enfim nascido". A depressão era como uma morte que abre uma vida nova.

Eu reencontrava a condenação e a graça no que escrevi sobre Gide e Genet: "Gide, amaldiçoado agraciado, aliás como todo bom protestante, aliciador de crianças tornado glória da nação; Genet, condenado agraciado, reincidente salvo do 'degredo' por suas obras pornográficas".

Com eles, eu me dedicara a interrogar a "transmutação" dos sofrimentos, das aflições e até da morte em gozo, conversão que eu atribuía ao talento dos perversos. Talento que traziam, dizia eu, da infância, de terem que enfrentar desde a origem uma pulsão de morte mal encadeada à vida. Ferenczi, em sua época, destacou "a pulsão de morte da criança não desejada". O desejo de viver é herdeiro do desejo parental, recebe um alicerce precário de suas falhas. A ligação entre Eros e Thânatos, quando fracassa, deixa a marca de um defeito vital. Para alguns, tudo o que resta é o recurso a uma erotização da morte.

Essa erotização, tão patente nos casos de Gide, Genet e Mishima, eu não reencontrava em minha pluma? Não procurei encontrar na morte uma volúpia, seja na forma do aniquilamento extático das místicas ou na dissolução bem-aventurada de si pela contemplação da natureza e de seus transbordamentos mortais?

Pouco depois do encontro de Bruxelas e da intervenção de minha interlocutora, fui convidada a homenagear Pascal Quignard em um colóquio em Le Havre. Seu livro *Origine de la danse*, inspirado no Butô, dança de nascimento e morte, fez ecoar em mim a descoberta do desejo de morte parental.

Nesse lindo texto, ele interrogava especialmente a potência de aniquilação encarnada pela Mãe. Quignard falava da infância e desse autismo, desse mutismo que teriam sido seus primeiros refúgios contra a figura de uma mãe assassina, contra a Madrasta primitiva. "Mamãe", escreve ele, "queria meu mal de uma maneira inexplicável". Mistério desse Outro que dá a vida e parece querer sua morte. Mistério, também, da escolha primordial, inaugural, na encruzilhada dos caminhos que se abrem no nascimento, a bifurcação entre vida e morte. Mistério da reviravolta pela qual se encontra a saída para além da não-vida.

Como se passa da aflição de estar abandonada às potências da morte a esse movimento que lhe "abre a porta" da vida, esse salto pelo qual se oferece, todo abrigo abandonado, a esse voto de morte no Outro? "É como um abandono total a qualquer um", escreve Quignard. "É como um bom nascimento possível e confiante", diz ele ainda. Aqui, abre-se a porta do real onde não se distinguem mais "o abandono à morte, abandono à paisagem, abandono à fome, abandono à contemplação, abandono à leitura, abandono à voluptuosidade, abandono à felicidade".

Por sua vez, terá minha mãe realmente desejado minha morte? Na sequência de minha análise, depois de ter concordado com minha sugestão de ter sido desejada morta, em nenhum momento Lacan destacou um traço que pudesse dar consistência à figura de uma mãe má. Contrariamente ao que se pensa com frequência, ele não reforçava essa ideia. É claro, ele enunciou que era preciso um pai para impedir que a boca aberta do crocodilo materno se fechasse sobre a criança. Mas é uma questão de estrutura.

Quanto ao voto de morte, foi do meu lado que ele o apontou, a propósito de uma lembrança por mim evocada. Por mais apaixonada e submissa que eu fosse por uma mãe tão bonita e com um humor tão instável, não deixava de haver, entretanto, a imagem de uma escada vazia em um filme visto na minha infância distante, associada a algo sinistro, que assinalava o desejo de que ela desaparecesse. Escrevendo isso, me vem à memória outra escada, na minha chegada aos seis anos a Budapeste, onde tive a revelação angustiante de um vazio abissal, precursor do vazio feliz que vivi em Mort...

Do lado da ambivalência, foi a minha que ele destacou quando lhe falei da dificuldade que tinha em ler Melanie Klein, tão insistente em conjugar amor e ódio. Quando criança, eu tinha duas bonecas, Blondine e Caroline. Eu mimava a primeira, colocava nela roupinhas bonitas que minha mãe confeccionava para a outra, a quem despojava e ameaçava colocar numa "casa de correção". Devia ser uma ameaça habitual.

Em suma, eu lidava, como todo mundo, com uma mãe boa e uma mãe má, aquela que costurava para mim belos vestidos e aquela que ameaçava. A minha ficava irritada com frequência, eu temia sua cólera. Aos seis anos, mobilizei todo um lanchinho da tarde pois tinha perdido um pequeno laço que se descolara de um dos meus sapatos de verniz. Uma das senhoras presentes perguntou à minha mãe se ela era tão severa a ponto de eu ter tanto medo de ser repreendida.

Ela certamente não era muito afetuosa e passava muito bem sem mim. No pequeno caderno verde, meu pai anotou que no ano dos meus três anos, passei uma temporada na casa de meus avós paternos do início de junho até o final de outubro, com exceção do mês de agosto, quando minha mãe me levou com ela para

Cannes, o que, aliás, não fez com frequência. Meu pai não via problema nisso, convencido de que eu estava melhor no "jardim dos Chaprais", na casa de seus pais, do que no ar ruim de Paris. Meu avô, o mais feliz de todos com essas longas estadias, me disse um dia que, como ele, eu era orgulhosa. Passei muito tempo me perguntando por que ele me fez essa observação. Veio-me à mente que ele talvez tenha se surpreendido por eu não me queixar de abandono e tenha atribuído esse silêncio ao orgulho. Na realidade, era algo tão habitual que eu não via razão para comentar. Para se sentir prejudicado, é preciso ao menos ter uma ideia do que se deve receber.

Talvez eu fosse mais sensível a essa indiferença de minha mãe do que imaginava. Sem dúvida, aos meus olhos, ela era um atributo da onipotência de que a investi. Minha Mãe-Indiferença, a indiferença transformada em potência, a essência da Natureza, segundo Nietzsche.

As intervenções de Lacan eram raras. No início da análise, ele orientava a cura por uma ou duas frases contundentes que colocavam as coisas no lugar. Ele começou dizendo que eu não tivera pai, o que me surpreendeu bastante. Mais tarde, compreendi que ele, de fato, não havia cumprido sua função em relação ao famoso crocodilo materno. De minha mãe, relatei um sonho que ela me contou ter tido no início de seu casamento: conduziam-na ao pensionato onde ela havia passado oito tristes anos de sua infância. Lacan me disse que era um sonho de desejo, da mesma forma que expressava um desejo seu temor, antes de ficar grávida de mim, de não conseguir ter filhos.

Nem o desejo do homem nem o desejo de um filho a sustentavam. Ela estava mais preocupada com a vontade de passar os verões em sua casa de Cannes, se bronzeando e brigando com a irmã, com quem mantinha uma rivalidade indestrutível, superior a qualquer outro interesse. Chegou até a fazer desses verões uma condição para aceitar se casar com meu pai. Mais tarde, passei a pensar que a paixão dominante de minha mãe era o narcisismo. Um homem, uma criança, abrem uma brecha nele. Numa pequena foto, tirada na Croisette, ela aparece alta, morena e bronzeada, segurando pela mão uma coisinha de três anos, franzina e pálida. Eu era uma mancha naquele quadro.

Ter quase morrido no nascimento não inaugurou, contudo, uma série de situações de perigo. As únicas circunstâncias em que "quase morri" foram — exagerando um pouco, pois não sofri acidente algum, era apenas uma questão de significante — na "estrada de Mort..." e no meu encontro com o coronavírus.

No entanto, minha mãe me expôs quando criança a uma doença grave, impudência na qual seu desejo inconsciente deve ter exercido algum papel. Em Budapeste, eu tinha sete ou oito anos, ela levou para casa duas meninas húngaras, uma das quais era tuberculosa. Ela sabia disso. Sua grande amiga da época a encorajou a fazer isso, sua própria educação católica e sua ambivalência lhe sugeriram essa "boa ação". Eu via essas meninas com frequência, elas vinham lanchar e jogar cartas em casa. Ainda me lembro das cartas de baralho que trocávamos, pegajosas de geleia.

Logo depois, adoeci e passei todo um inverno de cama, com febre. Foi então que me tornei uma leitora fervorosa. Não me deram nenhum diagnóstico e a relação com as visitas que recebíamos não foi evocada. Mais tarde, disseram que eu "virei a chave". Fiquei surpresa quando, recentemente, li em um relatório médico sobre meus antecedentes: tuberculose aos oito anos. Eu havia me curado aparentemente sem sequelas. Mas, na ausência de tratamento, o bacilo de Koch permanece no organismo por toda a vida.

Minha mãe, pelo que me lembro, não foi muito atenta nem cuidadosa durante aquele inverno em que fiquei acamada. Ela vinha de noite tirar minha temperatura com um ar severo e não se alongava muito. Mas a vi muito inquieta no verão seguinte, quando me levou para uma casa infantil na montanha, onde eu deveria completar minha recuperação. Naquele momento, ela sem dúvida deve ter pensado que eu corria o risco de me tornar realmente tuberculosa.

Tudo isso me parece bem pouco para justificar o império, sobre minha vida, dessa "condenação à morte" inicial. Mas os efeitos da palavra se exercem de forma totalmente independente da psicologia de uns e de outros e de maneira, por assim dizer, automática. Temível é a autonomia do significante, que Freud descobriu com o que ele chamou de automatismo de repetição, no que via a essência da pulsão de morte.

No entanto, não teria eu feito minha essa "condenação" e cultivado esse desejo de morte, tecendo em meus livros uma fantasia, fonte de uma obscura satisfação? Ser nada para uma potência que o esmaga na indiferença, ser Nada para que o Outro seja Tudo (estando o gozo nesse Tudo que vem a ser pelo aniquilamento de si), ou ainda abandonar-se a esse Outro em abandono tão perfeito, que resulta em sua graça, em tantos bordados em torno do mesmo tema.

Vem-me à memória uma pequena gravura antiga que comprei de um antiquário, representado um leopardo deitado com uma lebre entre as patas. Reinava uma grande calma nessa cena, nenhuma expressão de medo no pequeno animal, tranquilo e como confiante, nem violência, nem agressividade no felino. Sua indiferença serena fazia até pensar que pouparia sua presa, tão bem abandonada.

Mas a graça, eu a encontrei também, depois de tudo, em minhas próprias forças. Minha boa natureza, no final das contas, havia me salvado, não menos que o leite materno, do perigo inicial pois, sozinha, da tuberculose e, enfim, do coronavírus, não sem a ajuda dos médicos. Da depressão também, saí por conta própria. Foram como páginas de glória, momentos de triunfo, segundos nascimentos que me teria conferido o direito de viver plenamente.

Ao final de *Abismos ordinários*[10], escrevi o seguinte, que encontra aqui seu lugar: "o fato é que esses momentos de renascimento deixam atrás de si a sensação de uma travessia e de uma ampliação da existência. O que importa e tem efeitos duradouros é a provação atravessada, ter enfrentado, ainda que apenas no plano da realidade psíquica, o risco supremo, o aniquilamento do próprio ser na relação com o que Lacan chamava de gozo do Outro, que, no horizonte, sempre inclui nossa destruição."

Eu evocava, também, nesse texto, um desejo para além da perdição e da salvação. Ele estava em ação tanto no meu desejo de análise quanto no que coloquei em jogo na escritura, o desejo de decifrar o enigma de minha posição, de dissipar o mistério, ainda que a custo de secar a fonte do gozo, mesmo que isso me deixasse "a seco".

Talvez o desejo mais forte fosse o desejo de redução, de retirada de tudo o que fosse supérfluo, de despojamento dos afetos e do *páthos*, de uma verdadeira drenagem, um desejo de simplificação em que se teria transformado o antigo desejo de aniquilamento.

Esse desnudamento foi justamente o que se operou após o encontro em Bruxelas, quando minha interlocutora me interpelou. Encontrei a resposta que eu procurava há muito tempo nesse veredito de morte inaugural e, com isso, esgotei o sentido da minha busca.

---

[10] MILLOT, C. *Abismos ordinários*. Tradução de Bruno Ferreira Castro e Fernando Scheibe. Rio de Janeiro: 7 Letras, 2023, p. 111.

Esgotado a tal ponto que escrever se esvaziou de sentido. "Perdi o motor de minha busca", dizia a mim mesma. E, por mais que me dissesse que ao menos precisava arrematar esse assunto, transmitir a maneira como ele envolvera, isso não conseguia tomar forma.

Na minha busca, os escritores sempre vieram em auxílio. Buscava neles a chave do enigma, transferindo-lhes o saber que inicialmente eu havia suposto ao analista. Mas, dessa vez, eu havia encontrado a chave e a transferência não operava mais. Antes, eu me apaixonava por um autor, lia tudo dele e o tornava meu guia. Depois de Bruxelas, não esperava mais respostas de minhas leituras. No entanto, admirava sem reservas, e até com entusiasmo, certos livros: *Tempestades de aço*, de Jünger, *A odisseia do "Endurance"*, de sir Ernest Schakleton, *O céu da Kolyma*, de Evguênia Guinzbourg. Todos tratam da coragem e da resistência, que são nomes da pulsão de vida.

Anos se passaram até o encontro com o coronavírus, que me permitiu reabrir o dossiê. Nessa aventura, havia algo de antigo — o perigo da morte e o resgate — e algo de novo: nem angústia, nem êxtase, apenas a experiência de despojamento e aquela de desnudamento da pulsão de vida, que não é menos enigmática que a pulsão de morte.

Três anos atrás, minha mãe passou, como de costume, o verão em sua casa de Beaujolais. Ela tinha noventa e sete anos, o inverno de Paris havia sido rigoroso. Ela caía sem parar em seu apartamento. Na maioria das vezes, conseguia me ligar, e eu chegava às pressas para tentar levantá-la. Na maior parte das vezes, era preciso chamar os bombeiros e ela acabava no pronto-socorro. Isso resultou em duas internações bastante tumultuosas. Em uma delas, ela caiu durante a noite e não conseguiu alcançar o telefone; a empregada a encontrou caída no chão pela manhã, mais ou menos inconsciente. No pronto-socorro, tiveram que colocar uma sonda urinária por causa da retenção aguda de urina, e ela se queixou a mim de ter sido vítima de uma agressão sexual. De modo geral, ela se opunha a todos os cuidados médicos. Certa vez, no pronto-socorro do Cochin, ameaçaram interná-la uma terceira vez, desta vez na ala psiquiátrica. Intervi para levá-la de volta para casa, prometendo organizar uma assistência suficiente para ela, o que ela recusou categoricamente e que fui incapaz de lhe impor.

Ela manteve certa autonomia, circulando com um andador pelo apartamento e, a duras penas, cuidando sozinha de sua higiene. Ainda era capaz de preparar o almoço para mim quando eu a visitava duas vezes por semana. As compras eram feitas pela zeladora do prédio, que a visitava duas vezes por dia. Quando ela estava sozinha, porém, ela se alimentava cada vez pior e havia emagrecido muito.

No verão, em sua casa, havia pouco tempo que aceitava, e até pedia, a presença de alguém. Naquele verão, duas pessoas cuidavam dela. Ao fim do mês de agosto, ninguém mais ia. Minha mãe não comia mais, não bebia mais e dormia o tempo todo. A cuidadora, sem saber o que fazer, pediu minha autorização para chamar o SAMU e interná-la. Desde que ela havia chegado à velhice extrema, eu permanecia na França durante as férias, para não estar longe demais em caso de necessidade. Peguei o primeiro trem para encontrá-la no hospital da cidade vizinha.

Ela estava bem desperta e furiosa. Acusou-me de tê-la internado em um estabelecimento "especializado" para impedi-la de me deserdar. Telefonou para seu irmão para lhe dizer isso de forma velada, ele não entendeu nada. Ela me olhava com ódio, um ódio que me siderava. Eu lhe perguntei: "Você me odeia tanto para me olhar desse jeito?" Ela me respondeu: "Sim". Como ela recusou novamente qualquer exame ou cuidado, e no hospital não queriam lhe impor nada (nem sei ao certo se ao menos a haviam reidratado), decidi que era melhor levá-la de volta para a casa dela, em Paris.

De volta, consegui fazê-la aceitar a presença de alguém para preparar o jantar e ajudá-la a se deitar. Ela recusou energicamente que a pessoa ficasse o resto da noite. Uma semana depois, caiu da cama e conseguiu me ligar — eram quatro da madrugada — com o pequeno celular que eu lhe dera, no qual bastava apertar um único botão. Eu tinha pedido a ela que o deixasse pendurado no pescoço. Ela o deixava na mesa de cabeceira, mas, assim mesmo, conseguiu pegá-lo. Cheguei junto com os bombeiros.

Dessa vez era grave, eles a diagnosticaram no ato com uma fratura no quadril, o que foi confirmado no pronto-socorro do Cochin. Operam-na e colocam nela uma prótese. Logo depois da operação, o anestesista me liga para dizer que ocorreu uma intercorrência, uma embolia causada pelo cimento da prótese, com partículas que haviam migrado para os pulmões. Tendo em vista sua idade avançada, não a levaram para a UTI; ela corria o risco de morrer nas próximas quarenta e oito horas. Naquela mesma noite, me ligou para dizer que havia passado o dia lutando com pessoas que queriam matá-la. Eu lhe digo: "Mamãe, você duelou vitoriosamente." Eu tinha certeza de que ela sobreviveria.

Depois de uma operação desse tipo, se esforçam para levantar os pacientes o mais rápido possível e fazê-los ficar de pé. Minha mãe recusou todas as tentativas dos fisioterapeutas, que me disseram que não podiam forçá-la sob o risco de serem acusados de maus-tratos. Quando surgiu a questão de enviá-la para a reabilitação, ela continuou na mesma oposição. Propus aos médicos organizar uma fisioterapia em casa, pois temia que uma longa internação em uma instituição a fizesse perder completamente a cabeça. Eles consentiram sem dificuldades.

Em casa, foi preciso organizar tudo para que ela pudesse permanecer ali: a cama hospitalar, as visitas dos auxiliares de enfermagem para a higiene, das enfermeiras, dos fisioterapeutas, bem como a presença constante de cuidadores. Os fisioterapeutas nem sequer conseguiram sentá-la na cama. Ela gritava só de a tocarem, recusava-se a superar a dor para se levantar.

Então ela declinou. Três semanas após seu retorno do hospital, novamente parou de comer e beber, e dormia o tempo todo. Liguei para a geriatra do hospital Pompidou, que a acompanhava há vários anos. Ela me disse que era preciso reidratá-la por meio de uma infusão subcutânea, mas não ser alimentada artificialmente, e recomendou chamar os cuidados paliativos. Seu médico assistente me garantiu que cuidaria disso. No dia seguinte, nada havia sido providenciado. Quando perguntei o motivo, ele disse que o pessoal dos cuidados paliativos, consultados por telefone, eram contra a reidratação. Sequer viram minha mãe. Na manhã do dia seguinte, um domingo, telefonei para um amigo médico que me colocou em contato com o dr. M. Ele veio imediatamente vê-la e me disse que ela não estava no fim da vida, mas desidratada. Foi buscar em seu consultório os instrumentos para aplicar a infusão.

Três dias depois, minha mãe estava revigorada, voltou a comer e a beber. Mas meus problemas não tinham acabado. Sua agressividade contra mim não se desarmou, o ódio regressou junto com a vida. Ela estava obcecada pelo medo de que eu a roubasse e telefonava incessantemente para a gerente de seu banco, ordenando que não me deixasse acessar suas contas. Tentava em vão entrar em contato com seu tabelião para me deserdar e me acusava de ter cortado o fio do telefone (como era muito surda, ela não ouvia o sinal). Ao mesmo tempo, dizia: "Você me deserdou." E também: "Você organizou tudo." De fato, eu tinha organizado toda sua permanência em domicílio, mas logo compreendi que o que ela queria era dizer que eu tinha organizado tudo para impedir que ela ligasse para o tabelião.

Estava também convencida de que não estava mais em sua casa, mas que eu a havia colocado numa instituição para dispor de seu apartamento. Mesmo quando a instalei em sua ampla sala de estar, cercada por móveis e objetos de decoração que tanto amava, continuou convicta de que não estava em casa. Para ela, eu apenas havia transferido suas coisas para outro lugar. Fiquei profundamente afetada por sua violência.

Certa noite, no início de novembro, jantei com meu amigo Léo, cuja esposa enfrentava sérios problemas de saúde. "Estar ao lado de alguém na luta pela vida te absorve completamente, é como um *maelström*", disse-me ele. "Faz caducar o interesse por qualquer outra coisa." Ele até havia perdido o interesse por séries de televisão!

"O mais difícil com minha mãe", disse-lhe, "não é ter gastado toda essa energia para ajudá-la a sobreviver, mas suportar sua hostilidade contra mim. Ela se sente perseguida por mim. Acamada, despojada de suas forças, atribui a mim essa despossessão. Eu salvei a vida dela e pensei, por um instante, ter quitado minha dívida de vida. Logo me desiludi. Essa dívida [*dette*] não se quita" (minha mãe se chama Odette). Foi então que Léo me contou, pela primeira vez, que seu pai, nos últimos dias de vida, o acusava de ser a causa de sua morte, que sabia ser iminente. Na época, achou que era um deslocamento. A loucura de seu irmão, que havia se manifestado pouco tempo antes, deveria ser a verdadeira razão. Ele se questiona, me questiona: "Por que aqueles que estão confrontando a própria morte atacam aqueles que lhes são mais próximos? Por que esse ódio?" A questão que coloca a si mesmo, e também a mim, é se esse ódio já estava ali antes. Onde ele estava antes? Pois, de algum modo, devia estar em algum lugar. Léo me disse que levou meses para se recuperar da acusação de seu pai. Ele teve pesadelos terríveis, horríveis demais para me contar.

Falo muito sobre meu desconcerto com as pessoas a meu redor. Gérard, por telefone, me diz que o delírio de minha mãe não é paranoico. É um delírio neurótico. "É Medeia, que quer matar a maternidade para salvar sua feminilidade". Se for isso, então remonta a muito tempo. Como filha dela, eu teria sido sua inimiga desde o nascimento.

O dr. M. me salvou dessa situação. Em meados de dezembro, ele prescreveu Risperdal para minha mãe, o que teve um efeito imediato e milagroso sobre sua agressividade em relação a mim. Um mês depois, seu delírio retornou um pouco, mas desta vez eu não era mais a perseguidora, era a prefeitura de Paris que queria matá-la, bem como a mim, para herdar seus bens. "Cuidado", me dizia ela. Também dizia que queria morrer, que não queria viver em meio a tanto ódio. O serviço responsável pelos cuidados de higiene havia sido indicado pela prefeitura. A higiene, com efeito, a perseguia. Ela a via como uma tentativa de assassinato, até mesmo como um estupro. Dizia que a maltratavam, que a espancavam. Queixava-se de Simone, uma das auxiliares de enfermagem, que ignorava seus protestos. Contou-me que, há algum tempo, não tinha falado antes, Simone teria ido até sua cama e a beijado na boca. Acrescentou que talvez Simone estivesse apaixonada por ela. Respondi: "Talvez, talvez."

Em alguns momentos, ela se expressava muito bem. Em outros, as palavras chegavam a sair, como alguém que gagueja ou um parkinsoniano que não consegue dar o primeiro passo. Certo dia, ela me pergunta quanto tempo aquilo ia durar. Pensei que falava sobre sua morte, mas não era nada disso. Acreditava que seu estado era temporário e pergunta quando vai voltar à normalidade. Depois, preferiu não se preocupar mais: "Vai se ajeitar sozinho", disse ela. Mas reclamava da falta de liberdade: "Muitas restrições, nenhuma liberdade", resumia.

No entanto, na maioria das vezes, quando lhe pergunto como está, responde: “Nada mal.” Não sofre, não parece entediada. Dorme, come, vê televisão.

No verão seguinte, organizei sua estadia em sua casa de Beaujolais. Ela estava bem debilitada, o calor de Paris a desidratara, foi preciso lhe ministrar novamente um soro. Ao chegar, depois de uma viagem cansativa de ambulância, seu estado preocupa o médico, que a conhece bem. Como estou prestes a sair de férias, ele disse esperar que eu não saísse da França. Conversamos sobre as decisões a tomar caso sua condição piorasse. Eu disse: “Nada de internação.” Ele concordou. Mas eu tinha certeza de que ela se recuperaria.

Mesmo em sua casa, continuava a acreditar que não estava ali. Afirmava ter outra casa, não muito longe. Isso não a impedia de saber exatamente onde estavam, em determinado móvel do primeiro andar, os mapas rodoviários da região, que queria consultar. Era muito precisa. Frequentemente dava a impressão de estar completamente lúcida. No entanto, a fala lhe escapava cada vez mais. O médico achava que poderia ser um efeito do Risperdal, foi então foi subitamente suspenso.

O fato de ela ter dificuldades para se expressar, na realidade, me aliviava. “Ela está reduzida ao silêncio”, dizia a mim mesma. Encontrei paz e me dei conta de quão agradável é aquela casa. Minha prima me visita, jantamos no jardim, algo que minha mãe proibira durante anos. Recusava-se a abrir as janelas ou até mesmo a porta da cozinha para o jardim. Qualquer desculpa era válida: sentia frio (mesmo em plena onda de calor) ou temia que algum bicho entrasse na casa. Não parava de lembrar que a casa era dela. "Quem manda aqui sou eu", dizia ela.

Seu trato ficou muito difícil depois que quebrou o tornozelo, cinco anos antes. Foi para a reabilitação em Rothschild e se comportou de maneira tão desagradável que o médico queria expulsá-la. Consegui convencê-lo a deixá-la ficar. Desde então, ela tinha dificuldades para caminhar, embora naquela ocasião tenha acabado por aceitar a fisioterapia. Já naquela época, a perda de suas capacidades e de sua autonomia a deixava furiosa, o que descontava em todo mundo.

A dificuldade de locomoção e o medo de cair alteraram muito nossas saídas. Desde a morte de meu pai, vinte anos atrás, eu lhe dedicava dois momentos por semana. Eu almoçava com ela no restaurante às quartas-feiras, depois de acompanhá-la na visita a alguma exposição. Ela adorava exposições, víamos quase todas. Todos os anos fazíamos os cartões do Louvre e do Grand Palais. Aos domingos, íamos ao cinema no fim da tarde e jantávamos na sequência. Um dos nossos cinemas favoritos era o da Rotonde. Na saída, jantávamos no restaurante de mesmo nome. Hoje, me dou conta de que eram bons momentos. Quase não vou mais a exposições, nem ao cinema, e poderia muito bem viver no interior da Creuse, não fossem os pacientes que vêm me ver.

Depois do acidente, ela não podia mais subir as escadas que todas as salas de cinema têm, nem caminhar por tempo suficiente para visitar as exposições. Seu narcisismo a impedia de pedir uma cadeira de rodas para a visita, que é comum os museus terem, assim como tornava impossível para ela o uso de um andador na rua. Não íamos mais a restaurantes fora do bairro, ela segurava meu braço, mas eu pensava que, se ela caísse, eu não conseguiria segurá-la e ela me arrastaria junto na queda. Com o tempo, as saídas se tornavam cada vez mais perigosas, e ela preferiu fazer as refeições em casa. Foi uma privação para nós duas.

Antes da fratura no tornozelo, no verão, quando eu passava uma semana com ela, havíamos encontrado um *modus vivendi* que me poupava de ter que aguentar seu mau humor, por eu não ficar tempo suficiente a seu gosto. Passávamos dois dias na Suíça, país vizinho, em um grande hotel, com um grande restaurante. Ela adorava isso, eu também. Quando caminhar ficou difícil demais para ela, foi necessário abrir mão disso também. Na verdade, eu tinha muito carinho por ela. Ele era frequentemente posto à prova por sua agressividade, mas eu esquecia facilmente.

Com o tempo, a fúria que a perda de autonomia lhe causava foi se acalmando. Agora, ela me sorri com um sorriso muito bonito e gentil, que ilumina seus olhos e lhe dá um ar asiático. Que a palavra lhe falte com mais e mais frequência talvez participe dessa tranquilidade. Ela não tem mais meios para expressar seu delírio. No entanto, quando encontra as palavras, costuma ser surpreendentemente pertinente.

Mas o que não deixa de me surpreender é que em nenhum momento ela expressa o desejo de morrer, tampouco o medo. Ela não se angustia nem com sua condição, nem com a morte, embora sua idade avançada a aproxime dela de forma inelutável. Em suma, ela está serena e não tão descontente com seu destino. Ela causaria escândalo aos olhos daqueles que reivindicam o direito de morrer com dignidade.

Dignidade, aliás, é o que não lhe falta. Ela é constantemente digna e não abre mão do que lhe importa. Perdeu todas as faculdades e até um pouco a razão, mas não cede em seu desejo, como diria Lacan. Mal consegue levantar os braços e não tem mais o uso das mãos, cujos dedos não consegue mais estender. Nos primeiros tempos de seu confinamento ao leito, ainda lia o jornal, depois, ao desistir de ler, apenas folheava. Agora, já não consegue virar as páginas. Não consegue mais levar a colher ou o garfo à boca, é preciso alimentá-la à colherada. Mesmo assim, dependente de todos para tudo, ela não perde sua dignidade e decide tudo o que ainda lhe é possível decidir. Deixa claro, por exemplo, que não quer comer a mesma coisa duas refeições seguidas. Quando o que lhe propomos não agrada, recusa.

Sua dignidade está muito ligada ao uso do "Não", toda sua liberdade refugiou-se nele. Ela é pródiga no uso. Ela não cede em sua recusa ao banho e sempre solta gritos agudos, mais ou menos altos dependendo da pessoa. Ela sabe ser desagradável com uma cuidadora que não lhe convém. Do alto de sua cama hospitalar, ainda reina e comanda com as palavras que lhe restam. Consegue até mesmo se fazer compreender pelo "lalalá" que, pouco a pouco, substituiu sua linguagem. Falar, sem dúvida, tornou-se cansativo demais, difícil demais, e ela já não se dá ao trabalho.

Não paro de me perguntar qual é essa estranha pulsão de vida que a mantém apesar da míngua de todas as suas capacidades, da redução a quase nada de sua vida. Esse enfraquecimento, penso, talvez seja uma concentração. A totalidade da vida restrita, recolhida em um ponto, no aqui e agora, no instante presente, é uma forma de plenitude. A redução ao elementar revela a essência pura, o irredutível do desejo de viver. Estar viva é um absoluto que não exige nem como, nem porquê. Acabo por pensar que a velhice extrema, a própria senilidade, é uma espécie de ascese, não muito distante do que sempre me fascinou nas místicas.

Durante os longos meses em que estive ocupada com minha mãe, lia *A cerimônia do adeus*, de Simone de Beauvoir, e relia *Os últimos dias de Immanuel Kant*, de Thomas De Quincey, que é a grande obra-prima do declínio, onde o humor e o trágico se encontram. Mas foi sobretudo Beckett que me capturou, em especial sua correspondência, cujos quatro volumes passei meses lendo e relendo, assim como sua biografia por James

Knowlson. Uma vida exemplar no caminho da simplificação ao qual toda vida deveria tender, pensei eu.

Beckett quis avançar, pela escrita, no sentido da fraqueza e da impotência. Para isso, escolheu escrever em francês, língua estrangera, a fim de avançar "mal armado", o mais desarmado possível, desprovido das facilidades da língua materna natal.

Ele tomou consciência dessa orientação frequentando Joyce que, por sua vez, estava do lado da profusão, a expansão das riquezas do poliglotismo, a polissemia sem limites. Na época em que se viam bastante em Paris, Joyce trabalhava em seu *work in progress*, que tomaria o título de *Finnegans Wake*, tecido de palavras-valise condensando todas as línguas. De sua parte, Beckett optou pelo empobrecimento, pela penúria. Eles eram grandes amigos.

A impotência de escrever, que ele cultivava na época, demandava ser despojada da arrogância que dissimulava: ser bom demais para fazer qualquer coisa. A psicanálise o ajudou a se livrar disso. No caminho do despojamento, ela é muito eficaz, e ele teve a sorte de encontrar Bion, então um analista iniciante, suficientemente humano e original para lhe convir. Foi vê-lo três vezes por semana durante quase dois anos e se sentiu bem com isso. Ganhou "uma vida ao menos tolerável" e a compreensão de que estaria perdido se fosse privado de sua própria incapacidade. Restou-lhe o bastante para compor uma obra inteira sobre esse fio de navalha.

Após a guerra e outras despossessões, escreveu a seu amigo Georges Duthuit, num estilo um tanto enfático do qual logo se despojaria: "Tudo deve agora ser buscado no terno eterno larvar, não, é outra coisa, na coragem e na imperfeição do não-ser também, onde nos assalta a tentação de ainda ser, um pouco, e a glória de ter sido um pouco, sob um céu inesquecível. Sim buscar na impossibilidade de jamais estar errado o suficiente, de jamais ser suficientemente ridículo e desarmado".

Algum tempo depois, escreveria ao mesmo amigo: "Sinto-me afastar das ideias de pobreza e de despojamento. Ainda são superlativos". E acrescenta: "Nem mesmo pobres, eis o que é preciso suportar".

A guerra havia, por assim dizer, completado o trabalho da análise. Saint-Lô devastada, onde esteve a serviço da Cruz Vermelha irlandesa logo após a Libertação, o confrontou com tantos sofrimentos, misérias e lutos que ele mesmo perdeu o que lhe restava de preocupação consigo, de narcisismo mal colocado. De seus males físicos e morais, quase nunca mais falou. Rancores, queixas e desprezos também o abandonaram. Foi provavelmente nesse momento que ele alcançou essa bondade que impressionaria tanto seu editor, Jérôme Lindon, anos mais tarde. "Nunca acreditei", dizia ele, "que pudesse existir alguém que fosse ao mesmo tempo tão real, tão verdadeiramente grande e tão bom".

Alcançou uma fama que nunca buscou com *Esperando Godot*. Assediado pelo sucesso, não afastava ninguém.

O dinheiro que veio com ele não mudou seu estilo de vida. Ele o distribuía generosamente aos amigos e necessitados, e até se deixava "tapear" por aproveitadores sem guardar qualquer rancor. Ficou feliz que o Nobel lhe permitisse tais generosidades. "Talvez Estocolmo tenha, afinal, feito sentido", escreveu a Barbara Bray, depois de dar a Adamov a "não desprezível bagatela" que este pedia.

Construiu uma casinha sem graça, um simples paralelepípedo sobre um campo com vista para o vale do Marne. Comprou um Citroën 2CV. Temendo ser visto da estrada por importunos, mandou erguer um alto muro de blocos cinzentos, que bloqueava completamente a vista. Era ali que escrevia todos os seus livros, protegido das solicitações excessivas da vida parisiense.

Em Paris, saía muito, bebia a noite inteira e voltava ao amanhecer. Isso lhe rendia cenas de sua esposa, Suzanne, que, por vingança, o impedia de dormir de manhã. Pois ele tinha ao mesmo tempo uma esposa e, como todos, uma amante. Fiquei surpresa e algo decepcionada quando descobri isso. Gostava de pensar nele como um homem solitário. Cruzei com ele uma vez, no início dos anos sessenta, perto da banca de jornais entre o café *Flore* e o *Deux Magots*. Ele era muito bonito, com um olhar de águia cega, provavelmente antes das cirurgias de catarata. Tinha um ar de solidão insondável.

Suzanne correu atrás de editores quando ninguém queria publicá-lo, e acabou encontrando Lindon. Beckett devia muito a ela e lhe era fiel, para além das infidelidades conjugais. Passavam as férias juntos, duas vezes por ano, em locais de veraneio, na montanha ou no mar. No Tirol, no vale de Aosta, na Sardenha, em Malta, onde *A decapitação de São João Batista*, de Caravaggio, lhe inspirou a boca escancarada de *Não eu.* Também no Madeira, em Tânger, ou ainda em Tarudante, no *Gazelle d'or*, que, imagino, à época não era a estadia de milionários que se tornou.

Passava longas semanas em Berlim, que conheceu antes da guerra e de que gostava muito, para cuidar da encenação de suas peças. Mostrava-se de uma precisão e um rigor por vezes exaustivos para os atores e diretores. Pode-se adivinhar, a partir de suas cartas, sua concentração, sem envolvimento total que não transigia em nada. A simplificação de sua vida é tangível aqui. Tudo nela está a serviço de sua obra, de sua criação e de sua preservação contra todos os mal-entendidos. Trabalho em vão, aliás. O maior deles era ver em sua obra o testemunho de um desesperado. "Acho que já se falou bastante de meu suposto desespero", escreveu a um correspondente.

Contudo, declarou a outro: "No entanto suponho que, para alguns entre nós, escrever — ainda que seguramente não para todos — só é possível como último recurso, em total desespero de causa e numa profundidade onde o que temos de 'vivo' não apenas não está mais lá, mas nunca esteve. Chega-se ou não a isso — e não se pode desejar isso a ninguém."

A velhice lhe caiu como uma luva. Pela decrepitude, tornava-se seus personagens, encarnava-os enfim. Considerava a perda de suas faculdades como uma nova possibilidade para a escrita. Dez anos antes de sua morte, e já velho, disse ter há muito tempo adquirido a convicção de que no declínio ordinário residia "a última e, de longe, a melhor chance do escritor". "Tento pensar", escreveu a Franz Wurm, "com o que me resta de cabeça, que este é momento enfim, a chance enfim, nestes restos, com esses restos, mesmo que pensar não seja a palavra, não a palavra enfim.". E ainda: "Persisto com a cabeça que fraqueja, em outras palavras, com as possibilidades aumentadas.".

Ele terminou seus dias no Tiers-Temps, uma casa de repouso medicalizado — diríamos *EHPAD*[11] hoje em dia —, não longe de seu apartamento no bulevar Saint-Jacques, onde Suzanne morreu pouco antes dele. Seus amigos sugeriram que escolhesse uma clínica mais luxuosa. Ele protestou dizendo que não precisava de luxo. Aquele quarto monótono, com um pequeno banheiro, não tinha nada de sórdido e lhe bastava. Caminhava um pouco com o que lhe restava das pernas e dos pulmões (estava sob oxigênio) no pequeno jardim, na faixa de grama que apelidou de "faixa de Gaza". Alguns meses antes de sua morte, escreveu a Rick Cluchey: "Ainda

[11] Nota do tradutor: EHPAD é a sigla francesa para "Estabelecimento de Alojamento para Pessoas Idosas Dependentes". É um lar de idosos com suporte mais intensivo.

aqui com os caquéticos, nem melhor, nem pior. O que mais poderia pedir um caquético?"

Quase não vou mais ao teatro. É entediante demais, com muita frequência, um abismo de tédio. Com algumas exceções inesquecíveis. Entre elas, as três peças de Beckett que tive oportunidade de ver encenadas. *Esperando Godot*, no teatro do Odéon, em 1961, quando eu tinha dezesseis anos. *Dias felizes*, também no Odéon, dois anos depois, com Madeleine Renaud, sublime. Mais do que sublime, também, em *Eu não*, que vi com Lacan, na estação de Orsay desativada, onde ela e Jean-Louis Barrault se refugiaram depois de perderem, em 1968, a direção do Odéon, que haviam aberto aos manifestantes. Aquela boca escancarada, única iluminada na escuridão total, tão iluminada que se viam a língua e até o fundo da garganta, era estarrecedora. A redução de tudo a uma Boca escancarada.

Descobri com surpresa, em sua correspondência, que Beckett não apreciava tanto assim Madeleine Renaud. Achava sua voz enfática demais, teria preferido que fosse sem timbre, monocórdia. Por sucessivas reduções, buscava sempre alcançar o *recto tono* em seus atores. Além disso, a considerava, assim como a Jean-Louis Barrault, excessivamente agitada. "A vivacidade impossível deles me cansa um pouco", escreveu a Barbara Brau durante os ensaios de *Dias felizes*.

Tive a oportunidade de vê-los juntos naquela mesma estação de Orsay, onde fora instalado um restaurante ao lado da sala de espetáculos. Como eu havia me mudado havia pouco para a região, às vezes ia almoçar lá. Um dia, ele estava lá, de pé, muito alto, muito silencioso, levemente inclinado por cortesia para seus interlocutores, que giravam em torno dele. Madeleine Renaud, entre eles, não era a menos animada. A efervescência deles contrastava com sua reserva silenciosa. Devia ser 1979, *Esperando Godot* ia ser remontada no teatro d'Orsay. Creio que foi a última colaboração deles.

Minha mãe, evidentemente, me fazia pensar na Winnie de *Dias felizes*. E não apenas nela. Tantos outros textos de Beckett evocavam o afundamento, o encolhimento em que eu a via se afundar, não menos do que aquela misteriosa vontade de continuar, que brota da fraqueza e da impotência. E, não menos, a dignidade que sobrevive à decrepitude e persiste até a iminência do fim.

Ela completou cem anos no dia em que fui parar pela primeira vez no pronto-socorro do Cochin. Tudo havia sido organizado para seu centenário, parentes viriam de trem da região de Lyon, até o prefeito do *arrondissement* disse que iria visitá-la com uma medalha e uma garrafa de champanhe. Todos cancelaram, e eu mesma não pude visitá-la naquele dia, doente demais para me deslocar e, sobretudo, para arriscar contaminá-la. Internada e sem seguida muito debilitada, só voltei a vê-la dois meses depois. Para não a preocupar, não lhe dissemos que eu fiquei doente. Quando a revi, tentei explicar, mas tive a impressão de que ela não compreendia. Sorria menos para mim. Talvez me guardasse rancor por aquela longa ausência.

Algum tempo depois, numa manhã, afundou bruscamente numa espécie de coma. O dr. M., chamado às pressas, disse que ela estava "em fim de vida". À tarde, abriu um olho e logo mergulhou de novo naquele sono comatoso. Mas, dois dias depois, despertou o suficiente para aceitar um pouco de comida. Desde então, pouco a pouco, acorda mais, se alimenta mais, mas não consegue beber, é preciso reidratá-la por soro. Seria isso uma obstinação terapêutica? Fica a pergunta. Mas cada vez menos, com o tempo e com o apetite que retorna. Quem se alimenta com prazer ainda quer viver.

Hoje, de tempos em tempos, ela olha para a televisão. Não diz mais nada, exceto *Não Não Não* quando é tocada. Não quer ser incomodada. Seu rosto, que havia perdido toda expressão, recupera um pouco da mobilidade, mas não reencontrou o sorriso que o iluminava. Ela dorme muito. Mesmo semiadormecida, abre bem a boca para receber a comida. Boca escancarada.

Com que única palavra dizer a mudança? Atenção. Mínimo. Ah, boa única palavra. Mínimo. Ela é mínino, a mesma, mas mínimo.

Pior mínimo. Mais inconcebível. Pior por falta de um mínimo melhor. O melhor mínimo. Não. Nada o melhor. O melhor pior. Não. Não o melhor pior. Nada não o melhor pior. O menos melhor pior. O mínimo jamais não pode ser nada. Jamais ao nada não pode ser reduzido. Jamais pelo nada anulado. Inanulável mínimo.

TOMBEAU

Anniversaire — Janvier 1897
de Stéphane Mallarmé

Le noir roc courroucé que la bise le roule
Ne s'arrêtera ni sous de pieuses mains
Tâtant sa ressemblance avec les maux humains
Comme pour en bénir quelque funeste moule.

Ici presque toujours si le ramier roucoule
Cet immatériel deuil opprime de maints
Nubiles plis l'astre mûri des lendemains
Dont un scintillement argentera la foule.

Qui cherche, parcourant le solitaire bond
Tantôt extérieur de notre vagabond —
Verlaine ? Il est caché parmi l'herbe, Verlaine

A ne surprendre que naïvement d'accord
La lèvre sans y boire ou tarir son haleine
Un peu profond ruisseau calomnié la mort.

TÚMULO

Aniversário — Janeiro de 1897[12]

de Stéphane Mallarmé

A irada rocha que rola ao vendaval
Não irá se deter nem mesmo em mão pia
Que com o mal humano tateia a fratria
Como para benzer algum molde letal.

Se a torcaz canta quase sempre afinal
O imaterial luto só oprimiria
Núbeis vincos o astro maduro dos dias
Cintilando a turba de prata cristal.

Quem busca, só, percorrendo até o fundo
O rastro exterior de nosso vagabundo —
Verlaine? Ele, na relva a se esconder

Acolhe inocente sem que retorte
Do lábio o hálito sem secar ou sorver
Um riacho pouco profundo vexado a morte.

---

[12] Nota do tradutor: 8 de janeiro de 1897 foi o aniversário de um ano da morte do poeta Paul Verlaine, homenageado aqui por Mallarmé. Seu corpo está enterrado no cemitério no Cemitério dos Batignolles, em Paris.

Este livro foi impresso em julho de 2025
pela Forma Certa para Aller Editora.
A fonte usada no miolo é Baskerville corpo 12.
O papel do miolo é Chambril Avena 80 g/m^2.